MEIN FLUG ZUR VENUS

Eine wahre mystische Reise zum Schwesterplaneten der Erde

DANA HOWARD

Deutsche Übersetzung von
„My Flight to Venus" (Willing Ed. 1954)
von Klaus Mailahn, Seehausen (Am.) 2025
https://gcmm.jimdofree.com/

MEIN FLUG ZUR VENUS

Eine wahre mystische Reise zum Schwesterplaneten der Erde

DANA HOWARD

Deutsche Übersetzung von
„My Flight to Venus" (Willing Ed. 1954)
von Klaus Mailahn, Seehausen (Am.) 2025
https://gcmm.jimdofree.com/

© 2025 Dana Howard, Klaus Mailahn

Verlag: BoD · Books on Demand GmbH,

In de Tarpen 42, 22848 Norderstedt, bod@bod.de

Druck: Libri Plureos GmbH, Friedensallee 273,

22763 Hamburg

ISBN: 978-3-7693-5378-5

Inhalt

1. KAPITEL

Unser winziges Taylorcraft-Flugzeug schlängelte sich mühsam durch ein Labyrinth verworrener Luftströme. Die Nase des schnittigen gelben Flugzeugs neigte sich in einem gefährlichen Winkel nach unten, als ob es den Boden nach einem sicheren Landeplatz abtasten würde.

Stephen, mein Verlobter, kannte die Gefahren eines zu niedrigen Fluges über die unberechenbaren Superstition Mounds, doch ich hatte ihn gedrängt, einen Blick auf das tiefe und einsame Innere zu werfen, von dem es heißt, es sei noch unberührt von menschlichen Fußspuren. Mein ganzes Leben lang hatte ich gefährliche Abenteuer und den damit verbundenen Nervenkitzel geliebt, und dies war für mich ein großes Abenteuer.

Plötzlich wurde Stephens Gesicht blass und die Muskeln in seinem Nacken spannten sich an. Automatisch griff seine unsichere Hand nach dem Gashebel.

„Wir sind in einem Abwind gefangen", schrie er hysterisch.

Ich saß starr in meinem Sitz und erlebte dieses erste erschreckende Gefühl der Angst, das sich ebenso schnell in Mut verwandelte. Es war ein endloser Moment, denn das leichte Flugschiff, das gleichsam in der rasenden Flut der Lüfte gefangen war, schien eine Reihe von Saltos zu schlagen. Jede Zelle meines Körpers war in einer wirbelnden, strudelnden Bewegung gefangen. Es war ein grauenhaftes Gefühl, in einem Moment aufrecht zu sein und im nächsten auf dem Kopf zu stehen.

Um uns herum schwankten die Wände des Canyons, und der Raum zwischen uns und dem festen Boden war buchstäblich voller wütender kleiner Dämonen, von denen jeder die Aufgabe hatte, uns zu vernichten. Ich bin sicher, dass sowohl Stephen als auch ich in diesem Moment einen Blick auf die allgegenwärtige Ewigkeit erhaschten.

Schließlich legte Stephen den Schalter um:

„Halt dich fest, Schatz", rief er. „Ich muss eine Bruchlandung hinlegen."

Ich hielt mich an meinem Sicherheitsgurt fest und spannte meinen Körper an für den Aufprall. Es gab immer noch eine kleine Chance, dass wir aufrecht landen konnten, aber es schien so hoffnungslos. Wenn nur die tanzenden Wände stillstehen würden. Doch sie zogen immer schneller an uns vorbei und enthüllten Schicht um Schicht vulkanische Erde, die vor langer Zeit vom Grund des dunklen Canyon-Bodens nach oben gedrückt worden war.

Ich wusste, dass nur ein Wunder uns davor bewahren konnte, auf den schwankenden Felsen zerschmettert zu werden, aber ich glaubte immer noch an Wunder.

Die kosmische Uhr tickte ihre letzten Sekunden herunter. Unter mir spürte ich einen heftigen Ruck ... ein Krachen ... dann ein Stich und eine Träne. Das Licht in meinem Kopf ging aus. Es war Mitternacht am helllichten Tag. Obwohl meine Augen offen waren, sahen sie nichts. Meine Lippen bewegten sich, um sich zu artikulieren, aber es kamen keine Worte heraus. Wie erstarrt saß ich da, gefangen in einem Griff der Taubheit, in schrecklicher Ungewissheit. Die Augenblicke vergingen, aber sie waren nur quälende Punkte in der Zeit, in der nichts wirklich schien in einer Welt der Realität. Ich war mir nicht sicher, ob ich noch ein Teil der sterblichen Welt war oder ob ich mich über diese flüchtige Grenze des Todes hinweggesetzt hatte.

Am Ende einer scheinbar unbestimmbaren Zeitspanne kehrte das Bewusstsein zurück. Mein erster Gedanke galt Stephen. Ihm schien es gut zu gehen. Als nächstes dachte ich an unseren kleinen gelben Brummvogel. Armes Ding! Er hatte ihren Rumpf verloren. Der linke Flügel war abgerissen. Das Fahrwerk war ausgerissen, der Motor hatte sich aus seiner Halterung gelöst und war auf den Boden gefallen. Nur das Heckteil war noch intakt.

So wie es aussah, waren wir im dichten Inneren der Superstition Mountains in Arizona gefangen. Ich kannte die Gefahren, die auf jedem Zentimeter der mit Kakteen bewachsenen Tafelberge und der steilen, zerklüfteten Felsen lauerten. Überall um uns herum gab es Hinweise auf gewaltige vulkanische Umwälzungen. An einigen Stellen lagen schwere Schichten basaltischer Schlacke, die sich im Laufe der Äonen durch die Sedimentformationen nach oben geschoben hatten. An anderen Stellen hatte die Wucht der Elemente enge, gefährliche Schluchten mit stagnierenden Wasserlöchern geschaffen, in denen todbringende wilde Tiere und giftige Reptilien lebten. Doch am schlimmsten war der uralte Fluch des Aberglaubens, denn niemand hatte je gelebt, um die wahre Geschichte des sagenhaften Goldes dieses Monolithen zu erzählen.

Irgendwie schaffte ich es, aus dem Flugzeug zu krabbeln, schleppte mich dann über den heißen Sand und kam schließlich unter einem schattigen Fleckchen zur Ruhe, welches mir ein ausufernder Kreosotbusch vorübergehend spendete. Wie lange ich dort lag, weiß ich nicht, aber ich nahm plötzlich Geräusche wahr, die wie das Tosen eines Erdbebens unter mir klangen. Gleichzeitig mit diesen Geräuschen wurde mein Körper von einem eigenartig kribbelnden Glühen erfüllt. In einem Augenblick durchdrang das Gefühl jede Zelle und jedes Atom meines Wesens, und ich schien zur Ekstase seltsamer, polarisierter Ströme zu tanzen. Die Tür zu meinem Geist öffnete und schloss sich, und mein Bewusstsein pendelte zwischen Realität und Irrealität hin und her.

Ich sprang auf, als wolle ich ein kosmisches Drama einläuten. Dann kam ES, beginnend an meinen Knöcheln wie ein wunderschönes Feuerwerk ... eine transzendente violette Flamme, die sich ausbreitete, bis sie meinen Körper wie eine Aura heiligen Feuers umhüllte. Während die Flammen an Intensität zunahmen und sich über einen weiten Umkreis ausbreiteten, raste sie durch jede Zelle, reinigte und läuterte währenddessen. Kanäle meines Geistes, die zuvor fest verschlossen waren, öffneten sich wie eine verzauberte Lotusblume. Ich war lebendig, magnetisch, und ich konnte das Aufbrausen eines Enthusiasmus spüren, den ich noch nie zuvor gespürt hatte. Mein Herz, das in einem rhapsodischen Rhythmus schlug, war nun auf den Herzschlag des Universums eingestimmt. Es war nicht länger ein Bürger einer kleinen, gehemmten Welt, sondern ein Gast in der Universellen Welt. Ich war nicht länger ein separates

Wesen, eine menschliche Persönlichkeit, sondern ein Teil und Bestandteil von jedem Zentimeter von Gottes herrlicher Schöpfung. In diesem Moment erkannte ich, wie Andere vor mir, die wahre Bedeutung der EINHEIT und des EINS-Seins von ALLEM.

Die heilige Flamme wuchs zu einem Holocaust an Pracht und hielt für eine unbestimmte Zeit an. Schließlich erlosch sie und hinterließ nur noch eine Essenz. Vom Feuer der Schöpfung beseelt, hatte sich alles in meinem Blickfeld verändert. Die Landschaft, die wilden Blumen, die Bäume ... sie alle funkelten in einer Reihe von prächtigen Farbtönen, die nichts mit der Sonne von Arizona zu tun hatten. Sie waren jetzt nichts Besonderes mehr. Ich war EINS mit ihnen. Sie waren EINS mit mir. In diesen heiligen Momenten lernte ich den Sinn des Lebens kennen. Mit der Öffnung der Wahrnehmungskanäle verstand ich die lebendige Realität aller Dinge mit Klarheit.

Da ich nicht mehr an die Fesseln der Erde gebunden war, waren mein Geist und meine Seele frei, nach Belieben zu reisen.

Erneut wurde meine Aufmerksamkeit von den rumpelnden Geräuschen gefangen genommen.

Zwischen den Ausdünstungen meines Geistes kamen Gesprächsfetzen hervor ... bruchstückhafte Sätze über Tempel aus purem Gold, interplanetarische Raumschiffe, Menschen von anderen Planeten. Dann sah ich starke Lichter auf mich zukommen, die erst ein tiefes Violett, dann Magenta ausstrahlten. Sie kamen näher und näher, als ob sie mit himmlischer Präzision getaktet wären.

Noch immer in den warmen Rausch des Geistes gehüllt, richtete sich mein Blick auf einen knorrigen alten Baum, der die antediluvianischen Hügel überblickte. An den grotesken Stamm lehnte lässig ein weibliches Wesen von unübertroffener Anmut. Ihr Haupt strahlte wie mit einer Krone aus Feuer, goldene Haarsträhnen fielen sanft über ihre schönen, leicht olivfarbenen Schultern. Das seltsame, mystische Licht, welches ihre dunklen, prophetischen Augen durchflutete, fügte all ihren anderen Reizen ein wehmütiges Etwas hinzu.

Wie auf rhythmischen Füßen schien ich auf dieses reizende Geschöpf zuzugleiten, so als ob sie mich erwartete. Sie lächelte zur Begrüßung.

„Hab keine Angst, Kind der Erde", sagte sie. „Öffne die Türen deines Geistes, und wir von den fernen Planeten werden in Poesie und Gesang zu dir sprechen." Ihre Stimme war himmlisch, schwärmerisch, und sie hatte etwas Allweises, Allwissendes an sich. Mein Herz begann wild in meiner Brust zu pochen.

„Tochter der Erde", fuhr sie fort. „Seit deiner Kindheit hast du dich danach gesehnt, die Äonen der Zeit zurückzudrehen.

Du wolltest das Geheimnis der erstickten Feuer der Erde kennen. Von den wütenden Überschwemmungen und den elementaren Stürmen, die deinem Land seine heutige Form gaben. Viele lange Nächte hast du über die Geheimnisse des Himmels gegrübelt, du hast dich über andere Planeten und ihre Lebensweise gewundert. Bald, Kind der Erde, wirst du durch die Pforten eingelassen werden. Du wirst in den Dingen unterrichtet werden, die dich dein Leben lang verwirrt haben. Dein Verstand wird geweckt, deine Seele wird herausgefordert werden. Dein Herz wird die Liebe erkennen. Komm mit mir, meine Tochter. Komm!"

In diesem Moment sah ich zum ersten Mal ein wunderschönes raketenförmiges Schiff in der Luft schweben, etwa hundert Meter über der Erde. Es war nicht mit Worten zu beschreiben. Im Wesentlichen schien es aus einer Art durchscheinendem Material zu bestehen, aber mit Gold und Edelsteinen besetzt zu sein. Eine fast unsichtbare Leiter führte vom Schiff zur Erde, und ich folgte dem strahlenden Wesen gehorsam und ohne zu fragen die schwache Treppe hinauf. An Bord angekommen, verschwand meine heilige Begleiterin und ich sah sie nie wieder.

Das riesige Schiff hob sich rhythmisch und geräuschlos von der Erde ab.

Bald rasten wir buchstäblich durch den ätherisch blauen Himmel, doch der einzige Beweis für die Geschwindigkeit war der gelbe Feuerstrahl, der wie der Schweif eines Kometen floss.

Bald wurde mir klar, dass ich hier nicht allein war. Auch andere Passagiere befanden sich an Bord dieses Luxusliners. Es war eine bunt gemischte Gruppe, manche schweigsam und mürrisch, aber im Großen und Ganzen schienen sie glücklich zu sein.

Ich fühlte mich sofort zu zwei der Passagiere hingezogen, einem jungen Indianer namens Blue Cloud und seinem Kumpel, einem wettergegerbten Schürfer namens Cactus Jeff Stringfeller.

Doch ich hatte ihnen wenig zu erzählen.

Während ich durch den azurblauen Raum raste, versuchte ich, die Dinge, die mir widerfuhren, zu verstehen. Wohin gingen wir? Warum war ich hier?

Und Stephen - wo war Stephen? Aber ich konnte keine Schlüsse aus meinen gedanklichen Abschweifungen ziehen.

Schließlich entdeckte ich, dass wir an Höhe verloren und uns auf eine Landung vorbereiteten, denn es schien keine Zeit mehr zu sein. Ich glaube, ich war einen Moment lang sehr beunruhigt, aber als das Schiff schließlich auf festem Boden aufsetzte, atmete ich wieder leicht auf. Ich starrte wie gebannt auf eine verzauberte Stadt voller Pracht.

Cactus Jeff zog in einer Geste der Ehrerbietung seinen wettergegerbten Strohhut von seinem kahlen Kopf. Die Falten in seinem schmalen, zerklüfteten Gesicht verzogen sich zu einem Lächeln.

„Das ist wirklich ein hübscher Ort, nicht wahr?", sagte er.

Blue Cloud grinste, und seine dunklen Augen blitzten das Feuer der Zustimmung.

„Blue Cloud kommt nach Hause zurück. Das Land der Ersten Menschen."

„Du meinst, das ist die Heimat deiner Vorfahren?" Fragte ich.

Cactus Jeff ließ einen warnenden Ton aufblitzen.

„Ich würde Blue Cloud nicht unter Druck setzen, Miss", sagte er, „er redet nicht weniger, als er will."

14

„Das heißt, Blue Cloud weiß etwas, aber ich warte lieber ab", sagte ich und lachte, um die beiden zu beruhigen,

„Das glaube ich auch, Miss", stimmte Jeff zu.

Ich war so begeistert, dass ich mich immer wieder zwickte, um sicherzugehen, dass ich kein Geist war. Trotz der Erhabenheit dieser von der Natur geschaffenen Welt war ich von einer Art ängstlicher Verzückung erfüllt.

Die Schönheit und Symmetrie war die Vollkommenheit selbst. Die sichelförmige Stadt, die jetzt in einen Glanz von ständig wechselnden Farben getaucht war, übertraf meine kühnsten Träume. Wunderschöne exotische Gärten, seltsam hohe Bäume, Sträucher und Blumen in großen Bündeln ... es war ein großartiges Design, wie es unsere Erde noch nie gesehen hatte.

In der Ferne erhoben sich die sonnenverwöhnten Berge und vermischten sich mit dem Farbspektrum des Universums. Zu der natürlichen Schönheit gesellte sich die von Menschenhand geschaffene Großartigkeit. Es war offensichtlich, dass die sterblichen Arbeiter, die diesen fabelhaften Ort geplant und gebaut hatten, nicht für Gold, sondern aus Liebe gearbeitet hatten. Die Architektur war von einer Würde und Kongruenz, die nur in der Sprache der Götter beschrieben werden kann. Türme und Kuppeln glitzerten vor dem rot-goldenen Himmel. In der Tat schien der ganze Ort mit den feineren Essenzen aufgeladen zu sein.

„Es ist so ruhig und friedlich hier", jubelte ich. „Ich wünschte, Stephen wäre auch gekommen.

„In den Hügeln dort gibt es viel Gold", schnaubte Cactus. „Und ich werde mir einen Goldsucherpickel besorgen und anfangen zu graben."

Blue Clouds Gesicht wurde zu Stein.

„Das Gold hier gehört dem Ersten Volk. Danach kann man nicht graben."

Cactus' Augen blitzten Feuer.

„Da haben wir es wieder, Blue Cloud. Ihr wollt mir nur Angst einjagen. Ich habe keine Angst vor indianischen Gespenstern. Sobald ich mich niedergelassen habe, ziehe ich in die Berge."

„Vielleicht findest du etwas Gold", sagte ich abwesend. „Aber wie um alles in der Welt willst du es jemals wieder nach Hause bringen?"

„Vielleicht gehen wir gar nicht mehr zurück, Miss. Irgendwie gefällt mir dieser Ort.

Ich war nie wieder glücklich zu Hause, seit man mir meine Mine weggenommen hat. Ich sage dir, wenn ich jemals wieder eine Chance bekomme, wird sie mir niemand mehr wegnehmen, wetten?"

„Die Mine war eine Wucht", fuhr er fort und blickte zurück in die Vergangenheit. „Hat mir mehr als 1750 Dollar pro Tonne eingebracht. Doch dann kam die Regierung und sagte, wir müssen sie schließen, Cactus."

„Es gibt ein altes Sprichwort", erinnerte ich ihn, „dass nicht alles Gold ist, was glänzt." Vielleicht bist du hier, um etwas Besseres als Gold zu finden. Etwas, das du mit nach Hause nehmen kannst."

Blue Clouds Gesicht erhellte sich mit einem Lächeln.

„Alte Leute sind sehr weise", sagte er.

Ich glaube, du hast Recht, Blue Cloud", antwortete ich. „Wenn das hier Utopia ist, dann hat unsere eigene Erde kläglich versagt."

„Diese Heimat ist Morgenstern", erwiderte Blue Cloud, „Morgenstern-Schamane war vor den Menschen vor langer, langer Zeit."

Cactus Jeff gluckste. „Wer weiß, womöglich reitet uns hier nur der Teufel. Vielleicht sind wir gar nicht hier, Blue Cloud. Vielleicht träumen wir ja auch nur."

Unsere vagen Spekulationen wurden bald von den Klängen von Harfen, Flöten und Zimbeln unterbrochen, die uns über die Ätherwellen erreichten. Dazu gesellten sich Fetzen von Gesang und Lachen.

„Hört, Jungs", rief ich. „Hört, die Engel singen."

„Himmelsmusik", verkündete Blue Cloud und blickte ehrfürchtig nach oben.

Einige Augenblicke lang lauschten wir wie gebannt dem Medley himmlischer Melodien. Dann begannen wir, wie auf geflügelten Füßen, in die Richtung zu gleiten, aus der die himmlischen Klänge gekommen waren. Je näher wir der Quelle kamen, desto mehr rührte die Musik die Seele an.

„Es ist wirklich himmlisch", hauchte ich entzückt, als wir uns dem Ort des fröhlichen Treibens näherten. Die Pracht der Kostüme und die glitzernden Edelsteine, die die Feiernden schmückten, trugen dazu bei. Hier gab es ein Aufgebot an Pracht, wie es selbst die Silberleinwand in der Heimat nie gesehen hatte. Sie tanzten wie

Nymphen und Rehkitze, ihre Körper hoben sich in Rhythmus und Hingabe in die Höhe.

Ein reizendes weibliches Wesen und sein männlicher Begleiter erregten meine Aufmerksamkeit. Der „Töpfermeister" hatte sich mit der Herstellung dieses Paares sicherlich selbst übertroffen. Die göttliche Inspiration des Modellierers war in die lieblichen Züge des Mädchens eingeflossen. Gegen die zarte Zerbrechlichkeit ihrer leicht getönten olivfarbenen Haut leuchteten ihre Augen azurblau. Dunkle, wallende Locken schmückten ihre lieblichen Schultern, und die Kurven und die Anmut ihres lyrischen Körpers überstrahlten jede irdische Venus. Ein Gewand aus gesponnenem Gold hing locker über ihrem schönen Busen und hob ein Diadem aus schillernden Edelsteinen auf ihrer Stirn hervor.

Ihr Tanzpartner war wie der Prinz aller Apolls. Seine etwas griechischen Züge bildeten den perfekten Rahmen für Augen von ozeanischer Tiefe, eine Nase und einen Mund, die aus feinstem Ton gemeißelt waren. Auch er hatte eine leicht orientalische Färbung, obwohl sein fein gesträhntes Haar zu Blondheit neigte. Sein Gewand war vom Feinsten: Blütenartige Hosen, die am Knöchel mit Goldfäden besetzt waren ... Gold- und Silberbrokat über einem schweren, satinähnlichen Stoff, bildeten seine Tunika. Weiße Ziegenledersandalen mit passenden Fußkettchen bekleideten seine wohlgeformten Füße.

„Freunde vom Planeten Erde, wir heißen euch auf dem Planeten Venus willkommen", grüßte er und verbeugte sich tief vor mir. Es lag eine Qualität in seiner Stimme, die sofort auf den Harfensaiten meiner Seele spielte wie göttliche Musik. Irgendwie wollte ich Tränen der Freude vergießen.

Blue Cloud passte sich sofort an. Er schien sich tatsächlich sehr wohl zu fühlen.

„Großes Mysterium gut", strahlte er. „Die Alten haben stets das beste Land."

Cactus Jeff, der noch nie an den kulturellen Unternehmungen der Zivilisation teilgenommen hatte, war von alledem völlig verblüfft.

„Das ist die beste Aufführung, die ich je gesehen habe", gackerte er humorvoll.

Als meine eigene Sprachfähigkeit zurückkehrte, fügte ich meinen Teil hinzu.

„Es ist so schön hier, Sir. Ich bin sicher, dass Gott alle seine Schöpfungen so gewollt hat."

„Wir haben Schönheit in Hülle und Fülle, meine Liebe", erwiderte er. Doch bei uns ist Schönheit ein Ideal, nach dem man streben muss. Es ist ein Ideal, das in den Gesetzen unseres Landes verankert ist. Aber fürchte dich nicht, Schöne der Erde ... an deinem guten Tag wird die Erdebene zu ihrem Recht kommen. Die edelste Eroberung der gesamten irdischen Zivilisation steht noch bevor."

„Meinst du?" fragte ich atemlos, „dass unsere Erde eines Tages eine solche Pracht erleben wird?"

„Ja, Mylady. Euer Schicksal ist nicht unabänderlich. Gewiss, der Planet Erde hat die Kunst des ursprünglichen Lebens verloren, aber dieselbe Schönheit, dasselbe erhabene Glück, das wir hier kennen, wird eines Tages auch Eures sein."

„Was für ein göttliches Privileg ist es, hierher zu kommen", jubelte ich.

„Goldene Werte muss man sich immer verdienen", antwortete LeLando (denn so hieß er). „Während ihr als unsere geschätzten Gäste bei uns seid, wird euer Verstand erleuchtet werden ... eure Herzen werden frei sein."

Cactus Jeff, der sich immer noch auf einen Schlag mit der Hacke des Goldsuchers freute, schnaubte:

„Wir werden auch eine Wagenladung Gold finden."

LeLando lächelte, denn er schien zu verstehen.

„Gold gibt es in unserem Land in Hülle und Fülle, denn wir leben im Licht des goldenen Strahls", sagte er.

2. KAPITEL

Die Narben des Erdenlebens waren vollständig verheilt. Die guten Menschen der Venus gaben sich alle Mühe, uns glücklich zu machen. Hier in diesem verzauberten Land lebten sie das Leben nach oben orientiert. Sogar die Luft war erfüllt von dem süßen Duft der leibhaftigen Schönheit. Für uns war es wie ein einziges, sich steigerndes Crescendo der Erwartung, denn wir befanden uns ständig in einem Zustand aufregender Veränderung.

LeLando hatte uns im Haus von Ona und David untergebracht, zwei wunderbaren Menschen, die auf einem Hügel mit Blick auf die Stadt lebten. Verglichen mit einigen der palastartigen Villen war es ein bescheidenes Haus, aber es war reich an Einfachheit und man hatte darauf geachtet, die bestmögliche Aussicht zu erhalten. Die Landschaft war himmlisch. Mystische Bäder und Thermalquellen ... seltene alte Bäume und Gärten. Neben der geschmackvollen Einrichtung hatte das Innere einen warmen, unerklärlichen Charme. Die meisten Räume waren kreisförmig; alle hatten hohe, zarte Fresken an den Decken. Die Wandteppiche und Wandgemälde stellten Szenen aus Ereignissen dar, die aus ihrer eigenen fabelhaften Geschichte stammten.

Die Fenster waren aus einem unnachgiebigen Material gefertigt und so gestaltet, dass sie Ströme von natürlichem Licht und das gesamte Farbspektrum durchließen. Die Einrichtung war nicht besonders prunkvoll, aber dennoch elegant. Samtige Teppiche strahlten Wärme und Gastfreundschaft aus, verschnörkelte Tische aus filigranem Gold, Stühle aus Elfenbein und Blauholz.

Weiß gekleidete, dunkelhäutige Diener bewegten sich effizient und auf eine fast schon theatralisch zu nennende Weise.

Ona und David hatten etwas Unnahbares an sich. Ona war eher schlank, von kleiner Statur. Ein Hauch von Silber in ihrem dunklen Haar unterstrich den Glanz ihrer blaugrünen Augen. Doch es gab weder eine Linie noch eine Falte, die ihr exquisit gemeißeltes Gesicht trübten.

Sowohl Ona als auch David waren von undefinierbarem Alter. Ich hätte es nicht gewagt, eine Vermutung anzustellen. Abgesehen von diesem vagen Etwas in Onas Augen, das auf ein erfülltes Leben hindeutete, hätte man sie leicht für eine vorzeitig ergraute Frau Anfang dreißig halten können. Wenn ich jedoch später darüber nachdachte, war Alterslosigkeit ein Merkmal aller Venusier. Sie wirkten so jugendlich lebendig.

David war ein kleiner, ruhiger Mann, nicht besonders auffallend im Aussehen, aber mit einer ihn durchdringenden Fülle von Persönlichkeit. Davids Haar begann an den Schläfen zu ergrauen, doch wie seine reizende Frau war auch seine Haut lebendig und vital. Da war keine einzige Falte, die auf sein Alter schließen ließe.

Bald erfuhr ich, dass auch die Wissenschaft hier an diesem Ort ihre Flügel der Fantasie ausgebreitet hatte. Den größten Denkern der Erde war es im Laufe der Jahrhunderte nicht gelungen, auch nur die banalen

Wunder zu erschaffen, die auf dem Planeten Venus zu finden waren. Ich war besonders beeindruckt von den kreisrunden Schiffen, die wie mystische Monde aussahen und durch den kristallinen Himmel rasten. Unsere eigenen riesigen Klipper waren im Vergleich zu ihren spektakulären, raketenförmigen Gondeln nur ein zerbrechliches Spielzeug.

Hier gab es auch keine riesigen Flughäfen, sondern nur die „Abflugstationen". Die Schiffe stiegen geradewegs in die Luft, bis sie eine große Höhe erreichten, und flogen dann mit einer unglaublichen Geschwindigkeit durch den Raum.

David liebte es, über diese Raumschiffe zu sprechen, denn er war mehr oder weniger für ihre Erschaffung verantwortlich gewesen. Allein das Sitzen in diesem heiteren Raum war eine luxuriöse Erfahrung, die ich nie vergessen werde, ebenso wenig wie unsere erste Mahlzeit im Haus von Ona und David.

Zuerst servierte uns der Junge im weißen Gewand eine bernsteinfarbene, bestrahlte Flüssigkeit, nicht berauschend im üblichen Sinne, aber berauschend auf eine göttliche Art.

Der Cactus Jeff tat mir leid, der sich so sehr bemühte, die Dankbarkeit in seinem Herzen auszudrücken. Es schien, als sei Jeffs Leben nie ein Zuckerschlecken gewesen. Er hatte sein ganzes Leben lang mit Tragödien, Niederlagen und fast unüberwindbaren Handicaps zu kämpfen. Jetzt mit Freundlichkeit behandelt zu werden ... in das große Herz dieser wunderbaren Menschen aufgenommen zu werden, überwältigte ihn völlig.

„Es ist ein sehr gutes Gefühl, bei echten Menschen zu sein", sagte er einfach.

„Der weiße Mann weiß gar nicht, wie viel ihm die Ersten Menschen geben", strahlte Blue Cloud und zeigte seine heidnische Würde. Blue Cloud war in den indianischen Kivas unterrichtet worden. Er hatte zu den Füßen der Weisen gesessen. Viele Male hatte er von ihren weisen Lippen gehört, wie die Kinder der Erde geboren und wiedergeboren werden, und dass der Weg zurück in die Heimat der Alten Ersten immer offen ist.

„Niemand hat hier ein Monopol auf das Glück", sagte David gnädig. „Das Glück ist überall im großen Universum zu finden, wenn man nur die Geduld hat, danach zu suchen."

„Die Menschen sind in ihrem tiefsten Inneren golden, meine Freunde", fügte Ona leise hinzu. „In eurem eigenen Heiligen Buch steht: „Der Mensch ist nach dem Bilde Gottes geschaffen". Bedeutet das nicht, dass der Mensch das „Gottespotential" besitzt? So wie die Blumen im Garten schließlich aufblühen, so wird auch die Seele der Menschheit eines Tages ihre wächsernen Blütenblätter der Freude über den Garten des Universums werfen."

„Was für ein wunderbarer Gedanke", jubelte ich. „Ich muss versuchen, ihn immer im Gedächtnis zu behalten."

„Um lebendig zu leben, muss man an die Lebendigkeit denken", fuhr David fort. „Die Lektionen des Lebens lernt man schließlich in der reiferen Erfahrung der Zeit. Aber die Gesetze der menschlichen Anpassung sind einfache, praktikable Gesetze. Wir haben den Eindruck, dass ihr Menschen auf der Erde immer Mittel und Wege findet, diese Gesetze zu missbrauchen. Harmonie im Ganzen erfordert Harmonie in den Teilen. Harmonie ist Anpassung. Wir sind ein Volk, alt an Erfahrung ... alt an Weisheit und Wissen."

Ich spürte, wie sich meine Augenbrauen zu einem fragenden Lächeln hoben. „Glaubt ihr, dass wir uns jemals eure wunderbare Lebensweise aneignen werden?" fragte ich. „Wenn wir jemals die Kunst des Lebens hatten, haben wir sie jetzt sicherlich verloren.

Ein Ausdruck von verächtlichem Mitleid überzog Cactus Jeffs Gesicht, und eine gewisse Feindseligkeit lag in seiner Feststellung: „Nicht einmal unsere großen Tiere zu Hause haben sie. Wenn die Großen sie nicht haben, wie sollen wir kleinen Leute sie dann bekommen?" Blue Cloud stimmte ihm darin zu. Seine Worte waren leise und gemessen.

„Der weiße Mann machte den ersten Fehler, als er den Indianern Land wegnahm. Erst Büffel töten, dann Vieh bringen. Töte Biber, baue Dämme. Zerstöre warme Natur, baue kalte Städte." Es war offensichtlich, dass Blue Cloud sehr stolz auf sein Volk war, und bis heute hegte er im Unterbewusstsein einen Groll gegen das Unrecht, das ihnen angetan worden war.

David lächelte wissend.

„In der großen Rechnung der Zeit geht nichts verloren", sagte er. „Jede Ursache hat ihre Wirkung ... jede Wirkung ihre Ursache. Nur in der Wahrheit liegt die Freiheit. Um zu besitzen, muss man geben. Man braucht nur den Treibstoff der menschlichen Güte, des guten

Willens und der Toleranz, um glücklich zu sein. Hier auf der Venus ist es unserem geistigen Feuer niemals erlaubt, auf Sparflamme zu brennen. Das ist das Geheimnis unseres Glücks und unseres Erfolgs."

Unser interessantes Gespräch wurde kurz unterbrochen, als ein sehr schönes Mädchen von etwa fünf oder sechs Jahren hereinkam. Sie sah aus wie eine wachsfarbene Fee aus einem Märchenbuch ... Augen so blau wie der Himmel ... die Haut so schön wie eine Lilie, lange goldene Locken, die sich in Kringeln um ihren hübschen Kopf schmiegten.

„Dies ist unsere kleine Ley-sa", stellte Ona sie vor. „Sie ist unser einziger Nachkomme."

„Was für ein schönes Kind", strahlte ich. „Sie ist das schönste kleine Mädchen, das ich je gesehen habe."

„Danke, liebe Frau", erwiderte sie zur Begrüßung. Sie tat nicht so, als ob sie sich verstellen würde, sondern war einfach nur dankbar.

Wie gerne hätte ich sie in meine Arme genommen und gesagt: „Du Liebling! Du kostbarer Schatz!"

„Ist sie nicht das hübscheste kleine Ding, das du je gesehen hast?" stotterte Jeff.

Blue Cloud strahlte vor Stolz, als wäre sie ein kleines Indianerkind aus seinem Heimatreservat gewesen.

Doch Ley-sa war ein ungewöhnliches kleines Mädchen. Sie war sehr natürlich und nahm all unsere Komplimente ohne Verlegenheit entgegen, denn sie fasste sie nicht als etwas Persönliches auf. Es war Teil ihrer Lebensweise, einer höheren Quelle für all ihre reichen Schätze dankbar zu sein.

* * * *

Unsere erste Mahlzeit in diesem Haus war etwas, auf das wir Drei uns freuten, denn wir waren hungrig. Das Esszimmer war sehr charmant.

Wie auch die anderen Räume waren die Wände mit interessanten Wandmalereien verziert, die Szenen von blühendem Getreide und dem landwirtschaftlichen Fortschritt in seiner Blütezeit zeigten.

Die Vorhänge bedeuteten für sie mehr als bloße Raumdekoration. Sie trugen den Rhythmus der Farbmischung in sich ... eine Art therapeutische Maßnahme zur Herstellung von Harmonie und Perfektion im Inneren.

Der längliche, handgeschnitzte Tisch hatte in bestimmten Abständen Goldeinlagen und war mit einem spinnwebfeinen, handgewebten Tuch bedeckt. Der Tisch war für sieben Gäste gedeckt ... die Familie, Cactus Jeff, Blue Cloud, den charmanten LeLando und mich.

Viereckige Teller aus massivem Gold mit goldenen, grifflosen Trinkgefäßen und Allzwecklöffeln - das schien das Geschirr und Besteck zu sein. Ich war natürlich neugierig auf das Essen. Würde es nur aus köstlichen Leckereien bestehen? Oder würde es sich um ein deftiges Essen handeln? Ich war sicher, dass es das Beste sein würde, was auch immer es war.

Als ich mich umschaute, sah ich, dass Cactus Jeffs Mund buchstäblich sabberte. Ich hoffte, seine uneleganten Manieren würden nicht zu sehr auffallen. Aber was für eine Freude war es, hier in diesem

Zufluchtsort zu sein, weit weg von der Gewalt unserer Welt.

Endlich war der Moment gekommen. Die weißgekleideten Jungen stellten einen großen Korb mit Obst auf den Tisch. Es war uns fremd, aber es sah üppig aus. Ich wählte ein Exemplar aus, das einer Luther-Burbank-Spezialität ähnelte ... eine Art Kreuzung zwischen einem Pfirsich und einer Birne, jedoch viel größer und mit lebhaften Farben. Cactus Jeff gönnte sich eine Kreuzung aus Sommerkürbis und Granatapfel, während Blue Cloud so nah wie möglich an der Frucht des riesigen Saguaro-Kaktus blieb.

Als wir unsere Zähne in das fleischige Fleisch versenkten, brachten wir so manche „Ohs" und „Ahs" hervor.

„Ist das nicht das leckerste Zeug, das du je gegessen hast?" Jeff schluckte und der zuckerhaltige Saft lief ihm über das karierte Hemd.

Blue Cloud aß geräuschlos, aber sein Gesichtsausdruck verriet, dass sein Geschmackssinn weiter reichte als die bloßen Hungergefühle.

Ona und David lächelten anerkennend.

„Unsere Gärten sind die besten ... unser Boden ist reich und ertragreich", antwortete David stolz. „Außerdem wird unsere Nahrung durch die Sonnenenergie, die den Pflanzen zugeführt wird, angereichert. Ihr seht, hier auf der Venus wird die physische Energie durch Sonnenenergie angereichert. Auf eurer irdischen Ebene stellt die Isolierung des

Vitamins eure ersten wackeligen Schritte in der Evolution der Nahrungswerte dar."

Ein Gedanke kam mir in den Sinn.

„Aber ... das ist doch wie Manna vom Himmel, nicht wahr?"

„Vielleicht bist du näher an der Realität, als du denkst", sagte LeLando.

David fuhr fort:

„In diesem atomaren Universum gibt es nur eine höchste Energie ... die Energie des Geistes. Dieses Geheimnis haben wir vor langer Zeit entschlüsselt. Hier machen wir uns die geistigen Strahlen zu Nutze."

Ich wandte meinem Gastgeber ein nachdenkliches Gesicht zu. Ich erinnerte mich an meine wunderbare Mutter, die vor jeder Mahlzeit um den Segen für unser Essen gebeten hatte. Das bringt Gott ins Essen", hatte sie gesagt. Gott war sicherlich in dem himmlischen Essen, das an Onas und Davids Tisch serviert wurde.

„Meine Liebe", vertraute Ona an. „Eines Tages werden deine eigenen Wissenschaftler dieselbe Entdeckung machen. Die Spirale bewegt sich immer weiter nach oben, auch wenn es manchmal den Anschein hat, dass sie rückwärtsläuft."

„Und", fügte David hinzu, „ihr wart alle hungrig. Hunger schafft seine eigene Wertschätzung."

Cactus Jeff ergriff das Wort.

„Damals, als ich das erste Mal auf Schürfung ging, haben mir die Stinktiere und Feldratten das Futter gestohlen. Manchmal musste ich sogar einen Hasen für mein Abendessen töten. Wenn du Hunger hast, schmeckt alles gut."

Der volle, entschlossene Mund von Blue Cloud verzog sich zu einem Lächeln.

„Der Indianer weiß zu viel über die Natur der alten Frau, um hungrig zu sein." Aber es war trotzdem offensichtlich, dass Blue Cloud wirklich dankbar war.

Nach dem ersten Gang traten die weißgekleideten Jungen erneut in Erscheinung, diesmal mit einem riesigen Terrakotta-Gefäß mit dampfender heißer Suppe. Sie wurde aus exotischem Gemüse und besonderen Kräutern zubereitet und enthielt kein Fleisch. Aber sie war köstlich.

Nach der Suppe folgte ein Hauptgericht mit Wildgeflügel, das in Gewürzen und Ölen köstlich gegart wurde. Als Beilage gab es eine große Platte mit gemischtem Gemüse. Als Getränk diente Tee, gebraut aus einheimischen Kräutern. Es war ein einfaches Essen, aber das schmackhafteste, das ich je gekostet habe.

Das Gespräch am Tisch gab uns noch mehr Einblick in die Lebensweise dieser interessanten Menschen.

„Hier auf der Venus haben wir eine mütterliche Regierungsform", informierte David. „Unter der lenkenden Hand unserer wunderbaren Königin Zo-na haben wir nur faire und gerechte Herrschaft gekannt. Ihr seht ... die menschlichen Übel sind immer das Ergebnis von menschlichen Konflikten. Hier versuchen wir nicht, zu konkurrieren. Wir finden es profitabler, zu kooperieren. Infolgedessen gibt es bei uns keine Armut ... und so gut wie keine körperlichen Gebrechen.

„Du meinst, bei euch gibt es keine armen Leute?"
fragte Cactus Jeff mit großen Augen.

„Armut ist eine Sünde", erwiderte David. „Armut
raubt dem Einzelnen die ihm innewohnende Freiheit. Wo
ein Mensch von einem anderen schmarotzen muss, gibt
es immer Knechtschaft."

„Armut führt immer zu Betteltum", fügte LeLando
hinzu ... „zuerst im Individuum ... schließlich in der
Nation und mit der Zeit im ganzen Planeten. Es ist diese
Art der Verarmung, die zu irdischen Kriegen führt.

Hier kennen wir den Sinn des Krieges nicht."

„Aber ihr habt doch sicher auch die weniger
glücklichen Klassen", sagte ich, immer noch ungläubig.

„Der Reichtum ist zwar unterschiedlich hoch",
erklärte LeLando. Aber wir prahlen dort nie mit unseren
verfassungsmäßigen Rechten. Wir leben das Prinzip."

„Aber die Arbeiter ... ihr müsst doch Leute haben, die
arbeiten." fuhr ich fort.

„Gewiss haben wir Arbeiter, aber keine
minderwertigen", informierte David. „Das Verhältnis von
Kapital und Arbeit ist auf ein freundschaftliches
Einvernehmen zwischen beiden ausgerichtet. Das Kapital
hat seine angemessenen Gewinne. Die Arbeit hat ihre
angemessenen Löhne. Unsere Arbeiter genießen alle ein
angenehmes Leben. Wir haben Wohnungsbauprojekte,
wo sie benötigt werden. Die Wohnungen werden von der
Regierung entworfen und gebaut. Die Pacht- und
Mietkosten sind gering. Hier kennen wir nur eine
Wohltätigkeit ... die Korrektur jedes möglichen
Unglücks. Wir haben eine Wirtschaft ... die ehrliche

Verteilung von Gütern. Wo gerechte Regeln herrschen, ist das gar nicht so schwierig. Die eine Gruppe übernimmt bereitwillig Verantwortung ... die andere fügt sich in diese Verantwortung ohne Eifersucht oder Bosheit."

Blue Cloud kam ein Gedanke.

„Bevor der weiße Mann kam", sagte er stolz, „hatten die Indianer in Big East Water das ebenfalls. Alle Stämme waren glücklich miteinander." Blue Cloud bezog sich auf das Dokument, das die Mohawks, die Oneidas, die Onandagas, die Cayogas und die Senacas in Freundschaft, Kameradschaft und Frieden miteinander verband. Diese Konföderation der Irokesenstämme bildete die Grundlage für unsere eigene amerikanische Verfassung. Aber ich war jetzt nicht daran interessiert, Vergleiche zu ziehen. Ich war begierig nach Wissen.

„Auch Größe kann nicht ewig in denselben Rillen laufen", behauptete ich. „Was ist mit Veränderungen? Auf der Erde haben wir unsere Höhen und Tiefen. Unsere guten Zeiten und unsere Depressionen. Wie sieht das bei euch aus?"

„Veränderungen kommen zu gegebener Zeit", erklärte David. „Irgendwann sind die Bräuche überholt, Kulturen veraltet. Aber es gibt keinen Grund, Gewalt anzuwenden, wenn sich Veränderungen ankündigen. Wir haben hier das, was wir Institutionen des Fortschritts nennen. Wir sind ständig damit beschäftigt, uns auf alle Eventualitäten vorzubereiten, die kommen werden. Wir versuchen nie, am Status quo der Dinge festzuhalten."

Ich wurde lautstark:

„Jetzt glaube ich wirklich, dass ich geträumt habe. Das ist das Shangri-La, von dem man in Romanen liest."

„Selbst ein Shangri-La kann schal und uninteressant werden", warf LeLando ein. „Das Geheimnis der Größe liegt in der Schöpfung. Der Fortbestand neuer Ideen. Hier setzen wir ständig neue Wachstumsmethoden in die Praxis um. Das hält das Leben aufregend."

Ona, die eine wichtige Position im Bildungsministerium innehatte, fühlte sich qualifiziert, ihre Meinung zu diesem Thema zu äußern.

„Unsere Schulen und Universitäten sind die besten", sagte sie. „Wir lehren alles, von den Heilkünsten bis hin zu einfachen Haushaltsaufgaben. Aber wichtiger als alles andere ist, dass wir die individuelle Intuition schulen. Wir können uns genau auf alle Gemüter einstellen, überall. Ihr seht, der Geist spricht eine universelle Sprache, die sich leicht in eine gemeinsame Sprache übersetzen lässt. Und aus dem Bereich der Intuition werden alle neuen Ideen geboren. Intuitives Training ist lebenswichtiges Training. Sie öffnet die Kanäle des telepathischen Zusammenspiels nicht nur zwischen allen Planeten, sondern auch zwischen den oberen Welten des Geistes."

Meine Neugierde war nun wirklich geweckt.

„Du meinst, du verlässt dich tatsächlich auf deine Intuition? Auf deine Ahnungen?"

„Der Verstand, der in seinen Intuitionen geschult ist, ist unfehlbar", gab Ona zurück.

Blue Cloud stimmte zu, denn dieses klare Licht des erwachten Bewusstseins hatte man ihn in der Kiva gelehrt.

„Indianer wissen immer, was morgen passiert", sagte er.

„Das nenne ich, sich von der alten Mutter Natur belehren zu lassen", kicherte Cactus Jeff. „Tatsache ist ... so bin ich auf die alte Mutterader in meiner Mine gekommen. Ich saß eines Abends an meinem Feuer und wartete darauf, dass meine Bohnen kochten. Und ich war mir so sicher wie ein Stern am Himmel. habe ich jemanden sagen hören..."

„Cactus, du kommst nirgendwo hin. Da ist Gold in den Hügeln ... und auch Blei. Und ich schleiche auch nicht mit dem Teufel um den Stumpf. Also ... habe ich mir einen Esel besorgt und bin losgezogen. Es war ein bisschen wie in der Wildnis. So was gab's seit über vierzig Jahren nicht mehr. Aber so sicher wie der alte Billy Cain... Ich fand eine Ausgrabungsstätte und fing an zu graben."

Mit einem strengen Blick brachte ich Cactus zum Schweigen. Ich wusste, wenn ich ihn nicht aufhielt, würde er den ganzen Abend lang über seine Mine reden. „Bitte erzähl weiter, Liebes", flehte ich Ona an. „Es ist so interessant." „Es gibt noch etwas, das dich interessieren wird", sagte sie. „Die wahre Bedeutung der Gleichheit der Geschlechter. Bei uns gibt es keine Eifersüchteleien zwischen den Geschlechtern. Das eine Geschlecht verletzt nicht die Rechte des anderen. Die sanfteren Künste werden von Frauen unterrichtet. Die Frauen kümmern sich um die moralische Erziehung der Jugend unseres Landes."

Da Ona der Meinung war, dass sie einen guten Teil des Gesprächs beim Abendessen beigetragen hatte, wandte sie sich wieder an ihren Mann und sprach über ihre Lebensweise. Davids Fachgebiet waren Wissenschaft und Erfindungen. Er war sogar für das Büro für Erfindungen zuständig.

„Ihr seid wahrscheinlich am meisten an unserer Art zu reisen interessiert", fuhr er fort. „Unser Terra-Van, der für Kurzstreckenfahrten verwendet wird, ist eurem Auto nicht unähnlich. Der Aqua-Van wird für Ausflüge auf unseren Wasserstraßen verwendet. Der Atmos-Van ist mit einem einziehbaren Ruder und einem Fahrwerk ausgestattet. Dieses Schiff wird eines Tages auf eurem Planeten Erde landen. Alle werden durch Sonneneinstrahlung angetrieben. Solarenergie wird auch zum Heizen und für die Beleuchtung verwendet. Wir kennen zwar keine schweren Krankheiten, keine Seuchen oder Pestilenzen, aber wenn sich die Gelegenheit ergibt, nutzen wir Sonnenstrahlen zur Heilung körperlicher Leiden. Die Sonnenstrahlen werden auf die kranken Stellen gerichtet, die Krankheit wird vertrieben, ohne dass Organ oder Gewebe geschädigt werden."

LeLando, der mit den Gesetzgebern verbunden war, fügte seinen Teil hinzu.

„Unsere Gesetze hier sind einfache Gesetze", sagte er. „Wir haben kein Verbrechen in einem Land des Friedens und des Überflusses."

„Du meinst, ihr unterhaltet nicht einmal eine Polizei?" fragte ich ungläubig.

„Das ist richtig", erwiderte er. „Unsere Gesetze sind zum Wohle aller erlassen worden. Ein Unrecht macht ein anderes Unrecht nicht wett. Wir haben unsere Grenzen, natürlich. Aber wir kennen auch unsere Fähigkeiten. Dominante Individuen gehen mit gutem Beispiel voran. Sie sind unsere Vorbilder.

Unsere Staatsmänner inspirieren uns mit Hoffnung und Glauben. Es ist die Pflicht der Gesetzgeber, dafür zu sorgen, dass „die Tugenden des Lebens in vollem Umfang verwirklicht werden." LeLando zögerte einen Moment, ein Lächeln auf seinem Gesicht: „Lass es mich so ausdrücken", fuhr er schließlich fort. „Wir vergleichen das Leben mit der Mutter Kuh. Sie muss jeden Tag gemolken werden und die Milch muss getrunken werden, solange sie frisch und süß ist. Sonst würde sie schlaff und sauer werden. So ist es auch mit dem Leben. Wir müssen es süß halten, sonst wird es sauer. Es liegt an uns."

Das interessante Gespräch neigte sich dem Ende zu, als einer der weißgekleideten Jungen leise in den Raum schlüpfte und an einem Gerät drehte, das ein wenig unserem Radio ähnelte. Im nächsten Moment wurde der Raum von sanfter, beruhigender Musik durchflutet, die mit Strömen von lebhaften Farben einherging. Es war wie die Aurora Borealis, die auf „die Harmonie der menschlichen Stimme" gestimmt war. Bald wurde die Schwingung des Raumes erhöht, bis er mit einem „transzendenten Pulsieren" geradezu funkelte.

„Die Musik ist auf allen Planeten gleich", sagte Ona, als sie den Weg zum Musikzimmer wies, wo sie vor einem großen, massiven Instrument Platz nahm, das einem Klavier ähnelte. Es war ihre Gewohnheit, vor dem Schlafengehen eine Stunde Musik zu hören.

Schließlich war es an der Zeit, dass Ona mir meine schöne Zimmerflucht zeigte ... ein charmantes Wohnzimmer ... ein Schlafgemach ... ein Schreibzimmer und ein Bad. Es war in der Tat ein Zufluchtsort des Friedens. Ich machte einen Luftsprung vor Freude, als ich es sah.

„Ona, du Liebling", rief ich jubelnd aus. „Es ist einfach himmlisch."

Ihr wunderbaren Menschen von der Venus habt meine ganze Welt in ein einziges schönes Lied verwandelt."

Ona lächelte ihren Dank. „Dein Herz quillt über, meine Liebe. Es ist vielleicht das erste Mal, dass du die ganze Fülle des Lebens erfährst. Man ist nie frei, wenn die Seele nicht frei ist. Daran musst du immer denken. Gute Nacht, meine Liebe, und träumt was Schönes."
„Gute Nacht, Ona", sagte ich mit aufrichtigem Dank im Herzen. „Ich liebe dich und dein wunderbares Land."

Nach ein paar eiligen Toilettengängen hüpfte ich ins Bett. Was für eine Freude war es, meinen Körper noch einmal zu strecken. Ich wusste, dass ich jeden Moment der Ruhe auf dieser himmlischen Couch genießen sollte. Die duftende Nachtluft streichelte mich und ich schlief ein.

3. KAPITEL

Die Sonne, die souveräne Strahlen auf mein Gesicht warf, weckte mich. Meine Gedanken flogen sofort zu LeLando. Er war so ein liebenswerter Mensch. Seine verlockenden blauen Augen verfolgten mich noch immer. Die Film-Romeos zu Hause hatten nie auch nur annähernd die körperlichen Attribute oder die beherrschende Persönlichkeit dieses ungewöhnlichen Mannes von der Venus besessen.

Von dem Moment an, als wir uns trafen, war eine seltsame Anziehungskraft vorhanden. War es das Heranwachsen der Liebe in meinem Herzen? Ich wusste es nicht genau. Es war schwer zu erkennen, wo das Persönliche begann und das Unpersönliche aufhörte.

LeLando hatte alles getan, damit wir uns wohlfühlten und „glücklich" waren. Er hatte uns in Kontakt mit Ona und David gebracht, zwei Menschen, die ich nie vergessen würde. Aber warum war ich hier? Warum war ich überhaupt auf die Venus gekommen? Und meine beiden außerirdischen Gefährten, Cactus Jeff und Blue Cloud? Könnte es sein, dass einem Erdenwesen hin und wieder die Möglichkeit gegeben wird, auf Seelenflüge zu anderen Planeten zu gehen? Unsere eigene Welt befand sich in den gefährlichen Tiefen der physischen und psychischen Fesseln. Sicherlich könnte man von den Venusiern etwas lernen. Sie hatten eine größere Lebensskala, als wir sie kannten. Wenn man bedenkt, dass sie physische Energie in Sonnenenergie umwandelten! Sie benutzten Musik, gemischt mit Farben, um die Nerven zu beruhigen, bevor sie sich zur

Ruhe setzten. Sie waren hervorragend in der Landwirtschaft und im Ackerbau. Wenn diese Veränderungen auf der Erde eintreten könnten, würden die Menschen auf eine neue Oktave gehoben werden.

Diese Menschen von der Venus hatten eine perfekte Regierungsform entwickelt. Ihre Schulen waren die besten. Ihre Schüler wurden in der Anwendung der „ersten Prinzipien" unterrichtet. Sie wussten, wie man sich auf das Wissen einstimmt, anstatt die langwierige Methode anzuwenden, den Verstand mit unnützen Details zu überladen. Sie genossen die wahre Gleichheit der Geschlechter. Sie hatten eine souveräne Führung. Und so weiter.

Wie sehr ich das Gefühl der seidenen Laken an meinem Körper liebte! Aber ich wusste, dass ich aufstehen musste. Ich streckte mich ein letztes Mal und sprang dann aus dem Bett. Auch ich wollte unbedingt in den schönen Garten gehen. Schon das Sonnenlicht auf dem Tau war wie viele funkelnde Facetten eines Diamanten. Die Blumen, die unter der spinnwebigen Nässe begraben waren, schauten zu mir auf, als wollten sie sagen: „Willst du nicht bitte herauskommen und uns befreien?"

Und Frühstück! Was würden sie zum Frühstück essen? Würden es Eier sein, Hotcakes oder Waffeln? Doch Ley-sa unterbrach meine Träumerei.

„Guten Morgen, Erdenfrau", begrüßte sie mich herzlich.

„Guten Morgen, mein Schatz. Wie geht es dir?" erwiderte ich.

„Ich bin glücklich, danke. Ich hoffe, du bist auch glücklich."

„Ich bin so glücklich, dass ich nicht glauben kann, dass es wahr ist, Ley-sa", sagte ich. „Ich bin der glücklichste Mensch der Welt, glaube ich."

Das Frühstück erwies sich als eine weitere einfache Mahlzeit, bestehend aus Obst, leckeren Getreidekörnern und Kräutertee. Es war auch völlig ausreichend.

„Wir haben für heute eine Besichtigungstour für dich geplant", informierte David. „Ley-sa wird euch begleiten und euch die interessanten Orte zeigen. Gunga wird den Terra-Van lenken." Gunga war einer der dunkelhäutigen Jungen.

Ich war außer mir vor Freude.

„Wir machen eine Besichtigungstour im Geländewagen", rief ich Cactus Jeff und Blue Cloud zu.

„Was für eine Geschichte wir haben werden, wenn wir wieder zu Hause sind.

Jeff Stringfellers kleine, müde Augen leuchteten in einem neuen Licht auf. Die fernen Hügel in der Ferne und ihre wahrscheinlichen Schätze zogen ihn immer noch in ihren Bann. Vielleicht würde er einen Claim abstecken. Blue Cloud war ebenfalls glücklich, denn der Indianer wollte mehr von dem Land sehen, aus dem seine Vorfahren stammten. Vielleicht hatte er von diesen Vorfahren seine Eigenschaften wie Stoizismus und Geduld geerbt. Blue Cloud wusste, dass die zerklüfteten Berge viele Geheimnisse verbargen. Man hatte ihm von dem heiligen Feuer erzählt, das nie erloschen war. Von dem Licht, das seit Anbeginn der Zeit brannte. Blue

Cloud glaubte, dass sich eine Form in andere Formen verwandelt; dass die Menschen nur Symbole sind, die die Gewänder der Erde tragen. Würde er das alles hier auf der Venus finden?

„Durch den Wandteppich des Lebens ziehen sich viele Muster", sagte David, als hätte er in Blue Clouds Gedanken gelesen. Während die Menschheit voranschreitet, muss das Gewebe der Vergangenheit in das Gewebe der Gegenwart eingewebt werden. Das heißt ... das Leben wird immer wieder auf verschiedenen Ebenen rekapituliert."

Er deutete auf die Berge durch die durchsichtigen Fenster. „Diese alten Hügel sind stehen geblieben, ein stummer Beweis für ihre Unbezwingbarkeit", fuhr er fort. „Sie lieben die Stille und die Einsamkeit. Sie fürchten den Tag, an dem die Wut der Wolken wiederkommt. Wenn sich die Form der Dinge wieder ändert. Hinter all der „Pracht der Natur", unter den sich ausbreitenden Tälern, finden sich die Ruinen und der Fluch jeder Zivilisation. Kulturen liegen begraben, aber der Spaten des Archäologen macht sie schließlich wieder ganz. Alles Neue muss die Essenz des Alten enthalten, denn beides, Bewahrer und Zerstörer, ist für immer unter uns."

Blue Cloud ergriff als Nächster das Wort.

„Mein Vater, der Navajo-Häuptling, ist sehr weise. Er erzählte Blue Cloud von den Menschen, die vor den Indianern kamen. Vor langer Zeit Indianer gute Leute, aber bald lernen, Böses zu tun. Macht Großen Geist wütend. Er schickt Fluten, und Nordwind hilft bösen Völkern. Er bringt Eis und Schnee. Dann zu kalt zum Leben. Keine Tiere. Kein Mensch. Wolkenmenschen wollen nach Hause zurückkehren. Großer Geist schmilzt Eis für gute Menschen. Verwandelt sie zurück in Menschen. Land wird wieder grün. Die Großen setzen Tiere auf die Erde, Fische in Flüsse, alles zum Essen. Lange Zeit Indianer glücklich. Dann kommt weißer Mann."

Die Augen von Cactus Jeff begannen zu glühen.

„Das war ein schmutziger, gemeiner Trick", brummte er ... „Indianerland zu stehlen."

„Mein Vater ist weise", unterbrach ihn Blue Cloud. „Er hat den Navajos gesagt, dass die Indianer für die Schlechtigkeit der Alten bezahlen müssen. Wenn die Indianer ihre Schulden gut bezahlt haben, kommen die Morgenstern-Menschen wieder. Dann ist alles wieder gut."

Ich fing an, mir ein Bild zu machen. Vielleicht waren unsere indianischen Anthropologien gar nicht so falsch. Ebenso wenig wie die indianischen Mythen und Legenden. Die lange Geschichte des Menschen wurde in diesen bezaubernden Naturdramen bewahrt. Es hatte viele abweichende Meinungen über den Ursprung der Indianer gegeben, aber vielleicht waren seine eigenen Intuitionen zutreffender als die Überzeugungen des Weißen Mannes.

Der Diskurs wurde wieder beendet, als Gunga verkündete, dass der Terra-Van warte.

4. KAPITEL

Wir waren eine seltsame Dreiergruppe von der Erde, die es sich in dem luxuriösen Terra-Van bequem gemacht hatte und auf dem Weg war. Ley-sa erläuterte die großartigen Tugenden ihrer wunderbaren Königin Zo-na ... der souveränen Herrscherin über dieses Land der Magie.

„Es ist schwer zu glauben, dass eine Königin über die Venus regiert und nicht ein Präsident", sagte ich zu ihr.

Ich sah, wie Ley-sas Augen groß vor Verwunderung wurden.

„Nun ... es ist das mütterliche Prinzip", erwiderte sie. „Unsere Königin Zo-na ist sehr weise. Sie regiert nicht mit Macht, sondern mit einem Stab der Weisheit."

„So! Endlich haben wir irgendwo eine Frauenwelt", erwiderte ich und versuchte, ein wenig humorvoll zu sein. Aber Ley-sa war sehr ernst.

„Das Mutterprinzip ist sanft", erwiderte sie. „Unsere Königin hat so viel für ihre Untertanen getan."

„Ich entschuldige mich, Ley-sa", gab ich beschämt zurück. „Ja, natürlich. Wir haben ja auch auf der Erde viele berühmte Frauen."

Cactus Jeff, der die Frauen bisher nur aus der Ferne verehrt hatte, war ganz einverstanden.

„Weißgott, es gäbe keine Kriege, wenn die Damen, Gott segne sie, in diesem Land die Hosen anhätten", rief er aus.

Blue Cloud lächelte ebenfalls zustimmend.

43

„Indianerfrauen drehen sich bei Feuer um. Wenn alles wieder in Ordnung ist, drehen sie sich wieder nach vorne."

„Möchtest du mehr über unsere Königin hören?", fragte das kleine Mädchen.

Das würde mich freuen, Ley-sa", erwiderte ich.

„Ich bin mir sicher, dass die Jungs das auch wollen."

Wir waren alle überwältigt von diesem bezaubernden Stück kindlicher Weiblichkeit, ihrer süßen Schönheit und ihrem weisen Verstand.

„Vor vielen Jahrhunderten", begann sie, „saß bei uns ein König auf dem Thron. Er war ein böser König, machtgierig und grausam. Viel Böses war in unserem Land. Die Menschen waren traurig.

Sie litten sehr. Eines Tages erkrankte der König

und starb. Königin Zo-na kam zu uns. Sie war barmherzig und gütig. Bald stellte sie den Frieden wieder her. Ungerechtigkeiten wurden geheilt. Die Menschen hassten sich nicht mehr gegenseitig."

Cactus Jeff, der unbedingt etwas sagen wollte, mischte sich ein.

Ich schätze, es brauchte eine Menge Königinnen, um einen aus der Klemme zu holen."

Ley-sa sah ihn erstaunt an.

„Es gab nur eine Königin Zo-na, die seit vielen Jahrhunderten über uns regiert hat. Sie ist eine höchst bemerkenswerte Frau."

Mir ging vor Erstaunen der Mund auf, und ich bin mir sicher, meine Augen ebenfalls.

„Träume ich, Ley-sa? Du sagst ... es ist Jahrhunderte her, ... und sie lebt noch?"

Jetzt war Ley-sa verwirrt. Fragen oder Zweifel waren etwas, das sie nicht verstand.

„Ja, das ist richtig. Es ist Jahrhunderte her", sagte sie schließlich. Aber was sind Jahrhunderte, liebe Freunde von der Erde, im langen Kalender der Zeit? Leben eure eigenen Großen nicht weiter ... wenn nicht in irdischen Körpern, so doch in der Erinnerung?"

Ich entschuldigte mich erneut. Was sollte ich dazu sagen?

Cactus Jeff erwachte aus seiner Verblüffung und brach in ein Kichern aus.

„Ich träume auch", sagte er."

„Es gibt niemanden, der so lange leben kann."

„Unsere Königin ist nicht mehr jung und schön", fuhr Ley-sa fort.

„Das ist nur so, weil sie es so gewollt hat. Ist das so ungewöhnlich?"

Sie schaute von einem zum anderen, um eine Antwort zu erhalten.

„Ja, das ist es, liebe Ley-sa", antwortete ich. „Wir begrenzen unsere Lebensspanne auf der Erde. Wir leben nur selten länger als diese Zeit."

„Siehst du", fuhr sie fort, „hier auf der Venus werden uns die Prinzipien der Unsterblichkeit gelehrt. Wir leben wirklich sehr lange."

Cactus Jeffs Augen leuchteten jetzt auf.

Er wollte etwas sagen, hielt dann aber plötzlich inne, denn er wollte das Kind nicht verwirren. Vielleicht würde sie ihre Geschichte nicht fortsetzen.

Erzähl uns alles darüber, Liebes", bat ich sie. „Erzähl es auf deine eigene nette Art. Wir sind alle interessiert. Vielleicht ... nun, vielleicht bist sogar du kein Kind mehr?"

„Oh doch. Kinder suchen sich ihr Schicksal als Kind nie selbst aus", erklärte sie. „Erst wenn ich erwachsen bin, werde ich entscheiden, wie lange ich in diesem Körper bleiben will."

„Nun, ich werde hartnäckig sein", explodierte Cactus. „Das hätte selbst Billy Cain nicht herausfinden können. Diese Leute wissen sogar, wann der alte Mann mit seinem Seufzen kommt."

Ich war einen Moment lang nachdenklich. Warum sollten wir die Lebensweise dieser Leute in Frage stellen? Sie waren sicherlich in allen anderen Bereichen überragend. Es war durchaus möglich, dass sie auch die Tür zu den Geheimnissen der Langlebigkeit der Natur aufgeschlossen hatten."

„Du meinst, Ley-sa", fuhr ich fort ...., wenn du das Alter der Entscheidung erreichst, wirst du in der Lage sein, unbegrenzt jung und schön zu bleiben? Das heißt ... wenn du es so willst?"

„Das wäre Eitelkeit", erwiderte sie und ärgerte sich über diesen Gedanken. „Wir bleiben nur dann jung, wenn wir einen größeren Dienst zu leisten haben."

Wieder sah ich, dass mein Ansatz völlig falsch gewesen war.

„Bitte fahre fort, Leysa", flehte ich. „Erzähle uns mehr über eure Königin Zo-na." „Verwendet sie eine wissenschaftliche Formel? Ist es das, meine Liebe? Siehst du, das ist alles so neu für uns."

„Wir kennen die genauen Altersjahre unserer Königin nicht", fuhr Ley-sa fort. „Viele Jahrhunderte lang behielt sie ihre Jugend und ihre große Schönheit. Man sagt, sie sei die schönste aller Frauen gewesen, die je gelebt haben. Sie hatte alles, um ihre Schönheit zu unterstreichen. Das reichste Gewand. Die teuersten Edelsteine. Sie hatte auch viele Liebhaber. Und zahlreiche Ehemänner. Sie hat sie alle überlebt."

In meinem Kopf schwirrte eine Frage herum, denn ich begann, Königin Zo-na als das Vorbild für prächtigen Luxus zu betrachten - ein Symbol, nicht eine Person.

„Habt ihr auch die Antwort auf die Übel der Menschheit gefunden?" fragte ich.

„Wo Schönheit mit Schönheit übereinstimmt, kann es keine Hässlichkeit geben ... von daher kann es keine menschlichen Übel geben", antwortete sie.

Endlich begann ich zu verstehen. Wo die Schönheit regiert, kann es natürlich keine Hässlichkeit geben. Das war einer der Fehler unserer irdischen Ebene. Dort hatten wir zu viel Hässliches. Wir hatten eine Art von Luxus, aber es war ein dekadenter Luxus. Das war eines unserer wachsenden Übel. Ein sehr gefährliches Übel.

Ley-sa stimmte in meine Gedanken ein.

„Nicht die Schönheit ist die Wurzel des Übels", sagte sie. „Es ist der Missbrauch der Schönheit. Es gibt die Reichen und die Armen. Es gibt die Gebildeten und die Ungebildeten. Die Reichen können sich ihre Schönheit erkaufen. Die Armen riskieren ihr Leben, um sie zu erlangen."

„Ja, ich fange an, es zu erkennen, Ley-sa", sagte ich andeutend. „Es sieht so aus, als hätten wir eine große Aufgabe vor uns, um das Los der Menschen zu verbessern."

Blue Cloud biss sich auf die Lippen, bis sie bluteten. Ihm schien das Herz für sein Volk immer weh zu tun.

„Der Indianer hat einen neuen Namen für das Reservat", sagte er, und die Ironie lag in seiner Stimme. „Er nennt es Konzentrationslager."

Das kluge kleine Mädchen sah, dass die Harmonie aus dem Gleichgewicht geriet, und lenkte unsere Aufmerksamkeit schnell auf die Landschaft. Der Geländewagen fuhr nun eine Bergstraße hinauf, auf der sich die Natur in ihrer ganzen Pracht zeigte.

Aber meine Neugierde war noch nicht gestillt. Es erschien mir unglaublich, dass ein Mensch jahrhundertelang weiterleben konnte. Dennoch zweifelte ich nicht an Ley-sas Wort.

„Ich kann das Wunder eurer Königin einfach nicht fassen", sagte ich.

„Unser Land war traurig", wiederholte sie. „Unsere Königin hatte viel zu tun. Ein Leben war nicht genug. Sie betete zur Höheren Intelligenz um Führung. Das Geheimnis der Langlebigkeit wurde ihr in einem Traum offenbart."

„Ist es etwas, das sie isst? Etwas, das sie trinkt? Oder was?"

„Nein, Miss Dana. Die Lebensjahre hier auf der Venus werden mit Hilfe von Strahlung gesteuert und kontrolliert. Königin Zo-na behielt ihr jugendliches Aussehen, bis sie es leid war, jung zu bleiben. Dann gab sie langsam die Altersjahre frei. Ihr Haar begann zu ergrauen. Ihr Körpergewicht nahm zu. Dann, eines Tages, sahen wir sie als reife Frau. Wieder hielt sie den Strahl für mehr als ein weiteres Jahrhundert an. Sie wollte, dass ihre Untertanen ihre eigenen Werte gewannen. Dass sie für sich selbst sorgen. Dann kam die Zeit, weitere Jahre loszulassen. Heute ist unsere Königin eine ältere Frau. Ihr Haar ist sehr weiß. Ihr Gesicht ist faltig. Unsere Weisen sagen uns, dass unsere Königin ihren fleischlichen Körper bald den Kräften der Auflösung überlassen wird."

„Das sage ich ja die ganze Zeit", warf Jeff ein. „Man kann die guten Dinge einfach nicht behalten ... und die schlechten Dinge sind wie kleine Mäuse ... die immer ihren Dreck zurücklassen."

Ich konterte mit einem Teil meiner eigenen Philosophie.

„Das Gute würde dagegen nicht sehr lange gut bleiben", sagte ich.

„Es ist wie mit dem Schlaf. Er ist notwendig, um den Körper zu erfrischen ... aber es braucht den langen Schlaf des Todes, um die Seele zu erfrischen."

Ley-sa lächelte zustimmend.

„Und was ist mit Ona und David?" fragte ich. „Sind sie deine richtigen Eltern?"

„Oh ja. Ich bin ihr einziger Nachkomme", antwortete sie unschuldig.

„Darf ich dich etwas sehr Persönliches fragen? Etwas, das du nicht zu beantworten brauchst, wenn du es dir anders überlegst?"

„Wir haben keine Geheimnisse auf der Venus", antwortete sie.

„Also gut, meine Liebe ... wie steht es dann mit Ona und David? Wie alt, meine ich?"

„Ona, meine Mutter, wird bald hundert Jahre alt", antwortete das kleine Mädchen, ohne auch nur mit der Wimper zu zucken. „David, mein Vater, hat zwei Jahrhunderte überschritten."

„Du meinst, es gibt mehr als hundert Jahre Altersunterschied zwischen den beiden? Und du bist ihr Kind? Also ... das ist wirklich unglaublich."

„Nun ... ich werde dem Teufel eine Tracht Prügel verpassen", rief Cactus und fuchtelte mit den Händen, dann schlug er auf seine Knie. „Was für ein Mann er ist! Ein toller Hecht."

„Vergiss Ona nicht", lächelte ich. „Sie ist auch eine bemerkenswerte Person. Ich fürchte, Ley-sa, Liebes ... du machst uns alle ganz schwindelig."

„Findest du das lustig?", fragte sie, immer noch nicht ganz begreifend.

„Heilige Makrele!" wandte Cactus ein. „Das ist das Lustigste, was ich je gehört habe."

„Meine Mutter und mein Vater sind sehr weise", antwortete sie.

„So weise wie der alte Salomon selbst", brüllte Cactus und stieß ein weiteres Lachen aus.

Ich tadelte ihn streng:

„Wo sind deine Manieren, Jeff? Hör auf ... sofort", rief ich.

Cactus' Gesicht rötete sich, und als er sich beruhigte, war er aufrichtig zerknirscht.

„Ich will nicht unhöflich sein", entschuldigte er sich. „Ich kann es einfach nicht ändern. Jetzt muss ich an diesen hübschen Kerl denken. Landy ... oder wie auch immer er heißt. Vielleicht ist er auch ein Großvater. Vielleicht ist er ein alter Kerl, dem man nur den Bart nicht ansieht."

Jeffs derbe Worte durchbohrten mich wie die Spitze eines Schwertes. Aber er hatte Recht. Vielleicht war LeLando ein alter Mann. Vielleicht hundert oder mehr. Ich fragte mich einen Moment lang, was ich wohl von ihm halten würde, wenn er plötzlich sein unsterbliches Gewand gegen das eines sterblichen Menschen tauschen würde. Denn für mich schienen diese Venusier alle unsterblich zu sein.

„Vielleicht ist der alte Knabe so alt wie Methusalem ... oder wer auch immer er war ... spöttelte Jeff unbewusst.

Blue Cloud, der meine Gefühle spürte, kam mir zu Hilfe:

„Ein weiser Mann lebt lange. Wer nicht weise ist, stirbt jung."

Meine Seele aber quälte sich damit. Ich war besorgt, obwohl ich wusste, dass es für mich keinen Unterschied machen sollte. Ich konnte den Gedanken nicht aus meinem Kopf verbannen. Dieser hübsche LeLando war in mir. Er war mir näher als der Atem selbst. Ich konnte diese hohe, intellektuelle Stirn sehen ... sein leicht orientalisches Aussehen, sein blondes Haar und seine blauen Augen. Ja ... LeLando hatte mir die Tür zu meiner Seele geöffnet. Ich würde ihn nie, nie vergessen. Er würde auch morgen noch in meinem Herzen sein, und durch alle kommenden Morgen hindurch. Von ihm würde ich das Leben lernen ... und die Liebe."

Gunga steuerte den Terra-Van nun mit geringer Geschwindigkeit. Wir befanden uns immer noch auf einer Anhöhe, und wenn wir zurückblickten, bot sich uns ein herrlicher Anblick. Eine Naturschönheit, wie sie sich unser Erdenflugzeug nie erträumt hatte.

Viele Terra-Vans waren an uns vorbeigezogen, und die fliegenden Scheiben über uns waren wie Dutzende von wirbelnden silbernen Rädern.

Meine Gedanken flogen zurück in meine Welt. Es war ganz offensichtlich, dass trotz unseres Gefühls der Erhabenheit alle Maßstäbe der Exzellenz nicht in irdischen Errungenschaften verpackt waren. Das Bild der Menschheit auf der Erde trübte sich, weil unser Volk seine Welt nicht mit den Augen seiner Seele gesehen hatte. Nicht, dass die Menschen zu Marionetten werden sollten, die an irgendeiner geistigen Schnur baumeln, aber ich wusste jetzt, dass menschliche Unzulänglichkeiten immer behoben werden können, wenn man nur seine falschen Schritte auf eine höhere Ebene lenken könnte.

Einige Augenblicke lang blickte ich schweigend in Gottes Großartigkeit hinaus.

Seine Verheißung war in die Berge geschrieben, sie war in die Meere geschrieben, sie wehte mit der windgepeitschten Luft, sie war im Herzen der Stürme und im Kern der Ruhe. Gottes Verheißung war die Musik und der Duft der Blumen. Sie war in jedem Zentimeter der gewundenen Straße, die uns nun zu den sonnenbeschienenen Felsen über der magischen Stadt auf dem Planeten Venus führte.

Es war ein herrlicher Tag, und die leichte Brise war erfrischend. Gunga öffnete die Fenster des Geländewagens, so dass es mir schien, als würden sich das Herzklopfen der Natur und mein eigenes Herzklopfen im Zentrum von Harmonie und Liebe treffen.

Plötzlich erschien eine massive, goldene Kuppel, die sich gegen den sonnenbeschienenen Himmel abzeichnete.

„Was ist das, Ley-sa?" fragte ich aufgeregt.

„Das ist der Tempel der Venus", antwortete das kleine Mädchen.

„LeLandos Vater ist unser geliebter Hohepriester. Ich bin sicher, dass LeLando überglücklich sein wird, dich zu einem Gottesdienst in unserem Tempel begleiten zu dürfen."

Jetzt überkam mich ein Gefühl, das ich nicht definieren konnte.

„Der Tempel der Venus ist unsterblich", fuhr sie fort. „Er kann niemals zerstört werden, denn es wurde verfügt, dass er bis in alle Ewigkeit leben soll. Sollte unser Planet viele Male sein Gesicht verändern, der Tempel wird für immer bleiben."

Wir kehrten über eine weitere schöne Straße zum Haus von Ona und David zurück. Hier hatten wir den Vorteil, den weiten Blick auf diese sichelförmige Stadt der Größe von ihrer besten Seite zu sehen.

5. KAPITEL

Ein paar Tage später nahm mich LeLando zum Venustempel hoch oben auf dem Berggipfel mit. Er war noch majestätischer als alles, was ich mir in meinen kühnsten Träumen vorgestellt hatte. Treppen aus rotem Granit führten zu dem großen Tabernakel hinauf. Auf den Stützpfeilern standen riesige Marmorsäulen. Die Pracht des Venustempels war in der langen Geschichte der Menschheit noch nie übertroffen worden. Wie Ley-sa gesagt hatte, war es ein Bauwerk, das gebaut wurde, um zu überleben, nicht nur für ein paar Jahrhunderte, sondern für immer.

Ich wollte es beschreiben, auch mir selbst gegenüber, aber sterbliche Worte würden seine Schönheit nur entweihen. Eine tiefe, ehrfürchtige Ehrfurcht überkam mich, und ich bat LeLando um Erlaubnis, ein paar Augenblicke allein sein zu dürfen, um das Gefühl der Vollkommenheit, das es mir gab, voll und ganz zu begreifen.

Ich stand hoch oben auf der großen Terrasse mit Blick auf die magische Stadt und sah, soweit mein Auge reichte, nur wunderschöne Pracht. Palastartige Häuser mischten sich mit kleinen Häuschen, die über die grünbewachsenen Hügel verstreut waren. Die schimmernden, irrlichternden Dächer schienen in der strahlenden Atmosphäre zu tanzen. Und die Gärten! Nur Meistergärtner hätten das alles planen können, und dann auch nur unter der lenkenden Hand des Meisters von ihnen allen.

Hocherfreut wandte ich mich an LeLando:

„Ich bin sicher, dass dies der glücklichste Tag meines Lebens ist, LeLando", hauchte ich ekstatisch.

„Auch ich bin glücklich an diesem Tag", antwortete er ... die satte Sanftheit seiner Stimme berührte einen antwortenden Akkord in meinem Herzen.

„Wenn es nur ewig dauern könnte", sagte ich wehmütig.

Unser Gespräch wurde bald von den himmlischen Klängen verschluckt, die durch die Brise drangen ... Musik, die alle natürlichen Rhythmen des Universums auf einmal zu erfassen schien.

Eine große Ekstase ergriff mich, als LeLando mich durch die Marmortüren in den himmlischen Tempel führte. Ein reich gekleideter Platzanweiser kam nach vorne, um uns zu begrüßen ... und uns dann zu unseren Plätzen zu führen. Das Auditorium war bereits gut gefüllt mit Menschen.

Er glich einem Amphitheater, die Sitze waren übereinandergestapelt. Sie waren aus handgeschnitztem Blauholz und luxuriös gepolstert mit einem reichen, azurblauen Stoff. Jeder trug seine eigenen mystischen Symbole.

In der Mitte des Saals erhob sich ein schneeweißer Altar, der von einem massiven goldenen Kreuz geziert wurde. Der untere Teil des Kreuzes ähnelte ein wenig unserem christlichen Kreuz, der obere Teil einem Kreis. Auf einer Seite des Altars stand ein großer, siebenarmiger Kerzenständer, umgeben von Statuen und Statuetten aus reinem Gold. Angezündete Räuchergefäße verströmten den balsamischen Duft von Weihrauch, der sich harmonisch mit den schwachen Rauchschwaden zu vermischen schien, die vom Hauptaltar im hinteren Teil des Altars herüberwehten. Vor dem kleineren Altar brannte das heilige Feuer. Hier würde das ewige Licht für alle Tage und Nächte der Zeit brennen.

Die Frauen saßen auf der einen Seite des Saals, die Männer auf der anderen. Ich wünschte mir so sehr, neben LeLando zu sitzen, aber da dies ihr Brauch war, wer war ich, ein Fremder von einem anderen Planeten, ihn zu verletzen.

Zweifellos war es die schönste Ansammlung von Menschen, die ich je zusammen gesehen hatte. Die Männer waren glattrasiert, und seltsamerweise waren sie genauso gekleidet wie die Frauen. Sie trugen reiche Gewänder in tiefem Purpur, ihre Köpfe waren mit Togas geschmückt. Die Frauen trugen lange weiße Gewänder mit wallenden Schleiern auf dem Kopf.

Es schien mir, als sei ich von der warmen Hand der Unsterblichkeit ergriffen worden. Der Friede, den ich in mir spürte, war grenzenlos. Aber ... was hatte das mit meinem eigenen Schicksal zu tun? Würde es am Ende ein großes Geheimnis zu enträtseln geben? Etwas Lebenswichtiges zu erlangen? Allein der Gedanke an all diesen fabelhaften Reichtum war überwältigend. In diesem gewaltigen Bauwerk der Herrlichkeit zu sein, gab mir das Gefühl, so reich zu sein wie Midas selbst.

Die Musik war himmlisch. Engelsharfen hätten keine exquisiteren Harmonien hervorrufen können. Schließlich öffnete sich an der Rückseite des Altars eine Tür, durch die vier junge Knaben in Altarmänteln eintraten. Ein älterer Mann folgte. Er war etwas größer als die Männer, die ich auf der Venus gesehen hatte, aber er hatte das freundlichste Gesicht, das ich je gesehen habe. Eine hohe, intellektuelle Stirn trug dazu bei, seine dunklen, leuchtenden Augen zu verherrlichen, die von einem glatten, ungezeichneten Gesicht umrahmt waren. Auch er hatte eine leicht olivfarbene Haut, aber sein Äußeres verlor sich bald in seiner souveränen Persönlichkeit. Alle Augen waren auf ihn gerichtet. Alle Gedanken waren auf ihn konzentriert. Dieser Mann schien geradezu allmächtig zu sein, wie er da stand in seinem azurblauen, mit goldenen Symbolen bestickten Gewand.

Als das musikalische Präludium zu Ende ging, war es im Tempel so still wie eine stille Nacht. Aus der Stille heraus ertönten die klangvollen Töne seiner perfekt modulierten Stimme.

„Ihr Lieben ... Menschen von unserem Planeten Venus. Wir haben heute Abend einen Boten vom Planeten Erde bei uns. Sie ist gekommen, um in unseren Schulen der Weisheit unterrichtet zu werden, um mehr über uns und unsere Lebensweise zu erfahren. Wenn sie wieder in ihre eigene Welt zurückkehrt, wird sie in unsere hohen Ideale eingetaucht sein. Diese Schätze wird sie in ihrem Herzen aufbewahren, um sie weiterzugeben, wenn es ihr beliebt.

Wie wir, die Bewohner der Venus, alle wissen, hat sich der Plan der Erdebene viele Male geändert, seit unser eigener Tag der Herrlichkeit begann. Unserer ist die Grundlage aller neuen Fundamente. Wir wissen auch, dass die Zivilisationen, die kommen und gehen, auf ihrem Weg nach oben von Planet zu Planet wechseln. Eines Tages wird der Planet Erde die Herrlichkeiten erben, die wir durch diese vielen Äonen der Zeit kennen. Weder die Stürme noch der Streit des Lebens können die großzügige Güte der Tradition auslöschen.

Auch wenn Ozeane über das Land fließen ... neue Formen aus den alten geformt werden ... Rassen auf Rassen folgen mögen, so bleibt doch über die große Spanne der Zeit hinweg die Geschichte in den zinnoberroten Hügeln geschrieben ... in den Sonnen und in den Sternen.

Auf der irdischen Ebene sind die Jahrhunderte in Zyklen begraben worden und haben die Ruinen katastrophaler Umwälzungen hinterlassen. Doch durch all die verschlungenen Jahrhunderte hindurch hat unser Venustempel ... unser eigenes Allerheiligstes, standgehalten.

Die Geschichte der Rassen ist die Geschichte der ungebrochenen Linien. Es gibt viele Wege, die zurückführen ... die Lampen der Tradition, die den Weg erleuchten. Individuen und Nationen werden gleichermaßen in den Kanal ihres eigenen Schicksals gezogen. Auch wenn Kontinente vergehen, Sitten und Gebräuche sich ändern und Kulturen zu Antiquitäten verblassen, bleibt das archetypische Muster für immer dasselbe.

Kind der Erde, lass mich dir sagen, dass die Geschichten in deinem eigenen Buch der Erinnerung geschrieben sind. Sie sind in den unzerstörbaren Äther geätzt, um dort von den Propheten des Schicksals gelesen zu werden, siehe! Vor dem Richterstuhl Gottes strebt die schwankende Tendenz des Fortschritts stets zu den erhabenen Altären empor.

„Du wirst die menschlichen Lebensdramen in Mythen und Legenden bewahrt finden. Du wirst sie auf Tafeln und Schriftrollen eingeschrieben finden. Die Imprimitur der Natur ist in den Felsen und im Sand zu finden, dort geschrieben, um vielleicht Äonen später entdeckt zu werden. Jede aufstrebende Zivilisation muss sich ihr eigenes Wissen aneignen ... ihre eigene Weisheit, und doch muss sie ihr Muster immer von den Zivilisationen ableiten, die vergangen sind. Wenn der Ton der Auferstehung kommt, wird die Größe unter Staub und Wellen gleichermaßen begraben sein. Sie wird da sein, um wiedergefunden zu werden, weil sie nie verlorengegangen ist.

Im weitesten Sinne des Lebens auf allen Planeten sind Umwälzungen und Katastrophen die Art der Natur, das Unerwünschte wegzuräumen. Alte Formen machen Platz für neue. Schließlich wird jede Form durch Entfaltung mit der anderen in Einklang gebracht.

Erinnere dich, Kind der Erde, dass die Schätze, die auf einem Planeten in einem bestimmten Zeitalter gepflanzt werden, schließlich auf anderen Planeten in den kommenden Zeitaltern geerntet werden. In den kommenden Tagen wird der Planet Erde seine reichhaltigen Schönheiten von uns beziehen, denn wie du bereits gelernt hast, ist „Schönheit" der Grundton dieses Landes der Liebe.

Euer Tag der Herrlichkeit wird kommen. Das Land, das als Amerika bekannt ist, wird in Reichtum und Pracht leben. Es wird sich an den Mustern von Gottes höchsten Schöpfungen orientieren.

Damit ihr nicht in die Irre geführt werdet ... wie unser Volk hier weiß ... hatten auch wir unseren Aufstieg und unseren Fall. Aber solange unsere Herzen in Brüderlichkeit verbunden bleiben, werden wir nie wieder diese Ungerechtigkeit erleiden. Solange wir fest in der Gemeinschaft bleiben, wird es in unserer Mitte niemals Egoismus oder Habgier geben. Unsere Werte, die in der Liebe verwurzelt sind, werden niemals Bosheit kennen oder schändlichen Handlungen unterworfen sein. Da wir von der Venus unsere Gesetze im Höchsten leben, haben wir keine Gesetze, die wir befolgen müssen.

Nur dieser, unser Planet Venus, hat die Fülle der Vollkommenheit gekannt. Aber Schritt für Schritt muss jeder einzelne Planet im großen universellen System die goldene Treppe erklimmen. Kind der Erde ... dein eigenes Amerika ist die Hoffnung deines Planeten. Es wird zu seiner Größe aufsteigen und ein Zufluchtsort für alle sein, die Ruhe suchen. Mit dem Kommen des Neuen Zeitalters wird sich Amerika, das Land, das so viele Ethnien beherbergt hat, erheben. Sein Banner der Freiheit wird in all seiner Pracht wehen. Kind der Erde ... wir heißen dich auf unserem Planeten Venus willkommen. Venus ... der Planet der Schönheit und der Liebe."

6. KAPITEL

Die Botschaft, die für mich bestimmt war, klang noch Stunden, nachdem LeLando mich in Onas und Davids Haus zurückgelassen hatte, in meinen Ohren nach ... und ich hatte mich für eine weitere Nacht der himmlischen Ruhe zurückgezogen. Dieser „große Mann" aus dem Venustempel hatte mir gesagt, dass es in unserer verzweifelten Welt tatsächlich Hoffnung gibt. Dass die Kinder der Erde nicht vergessen werden.

Es erfüllte mich mit einem Gefühl herrlicher Sicherheit, zu wissen, dass in Zeiten der Not und des Stresses immer eine glückliche Hand von unseren fernen Nachbarn im Himmel ausgestreckt werden würde. Diese Hand würde uns zur Festtafel der höheren Ideale des Lebens führen.

Mein kurzer Aufenthalt auf der Venus hatte mich davon überzeugt, dass Gott, als er die Welt erschuf, sein Konzept der Vollkommenheit in all seiner Pracht entworfen hatte. In Gottes göttlicher Zitadelle, die sich im Herzen des Universums befindet, würden die müden Welten immer Ruhe finden. Hier wurden die Seelen der Verstorbenen zu neuer Hoffnung inspiriert. Wenn die geistigen Lichter verblassen, können hier andere Welten und neue Erkenntnisse gefunden werden. Mit anderen Worten, es würde immer einen Himmel geben ... vielleicht würde es immer eine Erde geben. Es wird immer das Sonnensystem geben ... die Planeten und die Galaxien der Sterne. Ebenso würde es irgendwo im riesigen Universum eine Wüste und eine Leere geben. Es würde Licht geben, um einen Kontrast zur Dunkelheit zu schaffen. Am Ende eines jeden Jahrhunderts werden die Schriftrollen eingesammelt und für die Prüfung und den Gebrauch des nun beginnenden neuen Jahrhunderts aufbewahrt.

Im Großen und Ganzen sind Errungenschaften nie für lange Zeit verloren. Was einmal erreicht worden ist, kann wieder erreicht werden. Auf der irdischen Ebene schien es das Muster des Schicksals zu sein, dass wir auf die harte Tour lernen sollten. Durch Versuch und Irrtum. Durch Trübsal und Kummer. Aber wenn die Lektionen des Lebens schließlich gelernt sind und die Zeit für die größeren Errungenschaften gekommen ist, ist es immer der Prophet, der den Weg weist. Es sind die Pioniere, die „die Felsen und Steine aus dem Weg räumen".

Mein Land! Mein Amerika! Wie hatte es die Decken für alle seine Kinder gewärmt. Als Kinder aus anderen Nationen ihres Lebens und ihrer Freiheit beraubt wurden, hat es versucht, sie alle aufzunehmen. Ob im Frieden oder im Krieg, Amerika war wirklich das „Land der Freien und die Heimat der Tapferen". Ich dachte einen Moment an diese wunderbaren Venusier. Wie viel weiter fortgeschritten sie waren. Aber ... es stimmte, zu Hause gab es Strohhalme im Wind. Unsere Welt wandte sich voller Hoffnung den Eckpfeilern der Wissenschaft zu. Irgendwann würden unsere Wissenschaftler die Festkörper, die Flüssigkeiten und die Gase vollständig besiegen. Unsere Physiker würden die Plasmen des Weltraums erobern. Wissenschaft und Erfindungen würden sich weiter ausbreiten, um allen wachsenden Bedürfnissen gerecht zu werden.

Diese Menschen auf der Venus hatten in allen Bereichen etwas erreicht, während wir immer noch unnötig unter der Unwissenheit litten. Aber eines Tages würde die mühsame Menschheit einen Ausweg finden.

Wieder ging die Sonne über den bezaubernden Hügeln auf. Es war Morgen. Ein weiterer Tag in diesem wunderbaren Land. Wie viele solcher Tage würde es für mich noch geben, fragte ich mich. Doch ... in Wirklichkeit waren es keine *Tage*, die Zeit war nur *meine* Vorstellung ... *meine* Messlatte.

7. KAPITEL

In den folgenden Tagen stellte ich fest, dass das „Paradies" immer dort ist, wo die „Liebe" ist. Ich war wahnsinnig, schwärmerisch verliebt. Die Liebe war nun meine ganze Existenz, aber im Gegensatz zu unserem Planeten Erde funktionierte alles auf eine ruhige und schöne Weise. Es gab keine schrillen Misstöne, welche die Ekstase unserer wunderbaren Zweisamkeit trübten.

Von Anfang an hatte es eine seltsame Anziehungskraft zwischen uns gegeben. Armer Stephen! Wie schnell war er vergessen, als LeLando kam. Ich war mir ganz sicher, dass ich Stephen nie wirklich geliebt hatte. Ich wusste, dass es niemals nur eine Liebe wie diese geben würde. Die vielen glücklichen Stunden, die wir gemeinsam in der Farnlaube in Onas und Davids Garten verbrachten, hatten unsere Liebe zur vollen Blüte gebracht. Wir waren vollkommen, wenn wir zusammen waren ... da war eine Sensibilität für die Schwingung, die uns mit Schönheit umgab wie die Blumen, die um uns herum wuchsen. Jeder von uns sah im anderen die Pracht des höchsten Lebens.

Wieder an unserem üblichen Treffpunkt, nahm LeLando meine Hand in seine.

„Ich liebe dich aufrichtig, meine Liebe", sagte er voller Ehrfurcht. Und ich liebte ihn genau so aufrichtig. Endlich hatte ich all die idealistischen Qualitäten gefunden, welche die Liebe ausmachen. In LeLando hatte ich etwas gefunden, das mir niemals genommen werden konnte.

„Wenn es nur so bleiben könnte, wie es jetzt ist", seufzte ich wehmütig, „wenn ich nur für immer hier bleiben könnte."

„Wenn der Geist verheiratet ist, kann es keine Trennung geben", antwortete seine klangvolle Stimme.

Natürlich zog ich sofort meine eigenen Schlüsse.

„Ich kann hierbleiben! Du meinst doch, ich kann bleiben", flehte ich.

Aber es war nur für einen kurzen Moment. Ich war wieder bei meinen Ängsten angelangt.

„Es ist so wie ein Traum, LeLando", sagte ich. „Ich habe Angst, dass ich jeden Moment aufwache und feststelle, dass nichts davon wahr ist."

„Träume, meine Liebe ... werden in den Schlössern der Seele geboren", sagte er. „Träume sind unsterblich. In jeder Liebe gibt es einen höchsten Augenblick, sagte er." „Ein Moment, in dem sich Fleisch und Geist treffen. In diesem Moment kommen große Veränderungen. Alle großen Veränderungen entstehen in der Liebe, denn die Liebe ist das Licht der Seele."

Ich wusste, dass LeLando etwas hinter seinen verschleierten Worten verbarg, etwas, das ich zu begreifen versuchte, aber nicht ganz fassen konnte. Ich wusste, dass ich mit dem uralten Konflikt zwischen Pflicht und Liebe konfrontiert war. Ich begann zu glauben, dass kein Mensch in der unermesslichen Zeitspanne jemals eine größere Liebe gekannt hatte. Aber der Drang zur Pflicht war ebenso stark.

„Dieses Wort ‚Pflicht'. Ich hatte es aus dem Munde des Hohepriesters gehört. Ich hatte es von Ona und David gehört. Ich hatte es so oft aus dem Herzen von LeLando gehört. Ich wollte fair zu mir selbst sein. Wie unbedeutend sollte mein persönliches Glück im Vergleich zu dieser größeren Pflicht sein. Natürlich war ich ein Märtyrer, aber die Geschichte war gespickt mit Märtyrern.

Meine Sehnsüchte waren transzendent, aber ich war mir der Tatsache bewusst, dass ich am Rande der geistigen Entwicklung der Venusier fiebern konnte. Sie lebten in Horizonten, die darüber hinausgingen.

Ich hatte oft darüber nachgedacht ... warum war ich als Abgesandter der Hoffnung ausgewählt worden? Es wäre eine undankbare Aufgabe, bestenfalls. Warum war es nicht Cactus Jeff oder der unerschütterliche Blue Cloud? Wenn ich ehrlich war, lag die Antwort natürlich auf der Hand. Cactus Jeff würde des Mondwahnsinns oder etwas Schlimmerem beschuldigt werden, wenn er versuchte, der Welt von der Venus zu erzählen. Auch Blue Cloud würde niedergeschrien werden. Er war ein Indianer, und Indianer waren oft Spinner. Ich wusste, dass mir die Massen niemals glauben würden, aber selbst wenn es mir gelänge, ein paar Leute zu überzeugen, wäre mein Besuch auf diesem fernen Planeten nicht umsonst gewesen.

Mit tränenüberströmtem Gesicht wandte ich mich an LeLando.

„Ich bin so unwürdig", sagte ich. „Ich denke immer nur an mich. Aber" ... fügte ich zögernd hinzu, „vielleicht wäre es anders, wenn ich glauben würde, ich könnte den Menschen auf der Erde etwas Gutes tun. Ich kenne sie. Viele werden spotten und höhnen. Die wenigen, die ich vielleicht beeindrucken kann, werden es bald wieder vergessen. So ist das in unserer Welt, LeLando. Hier ist das alles so anders."

Sein Arm legte sich zärtlich um meine Taille. Die Tiefe seines Blicks schien sich auf den meinen zu übertragen.

„In jedem Herzen steckt ein bisschen Gold", sagte er, „meine Schöne. „Man muss manchmal tief gehen, um es zu finden, um sicher zu sein. Die Menschen in deiner Welt sind jung im Verstehen. Ihr müsst tolerant sein. Sie haben viel gelitten, sie haben wenig gelernt. Es gibt viel Egoismus in ihren Herzen. Oft sind sie in ihre selbstgefällige Einbildung gehüllt. Sie verstehen nicht die bessere Lebensweise, wie ihr sie in unserem Land erlebt habt. Es ist eure Pflicht, sie zu lehren, wie man nach dem Besten hungert."

„Aber das ist so, als würde man kleine Tropfen frisches Wasser in ein stehendes Gewässer fallen lassen", argumentierte ich. „Mein kleines bisschen Sauerteig könnte nicht sehr weit reichen."

LeLando drückte mich ganz fest an sich.

„Es ist nicht unser Wunsch, dass du dich auf dem Altar der Welt opferst", sagte mein Liebster. „Aber du musst die Verantwortung für deine Aufgabe spüren. Erfülle deine Aufgabe mit Ehrlichkeit und Anstand. Das ist alles, was wir von dir verlangen."

„Aber", wandte ich ein, „ich behaupte immer noch, dass es eine vergebliche Mühe ist, die man aufwendet. Ich weiß es."

LeLandos ehrlicher Blick durchbohrte meine Seele.

„Wie falsch du liegst, meine Liebe. Hast du den sanften Meister Jesus vergessen? Er war nur eine kurze Zeit auf eurer Erde, aber in dieser kurzen Zeit hat er das Denken der Welt verändert. Was getan wurde, kann wieder getan werden. Ein einzelner Mann oder eine einzelne Frau kann, wenn er/sie den Mut hat, noch größere Wunder vollbringen."

Eine Welle von Minderwertigkeitskomplexen überkam mich. LeLando hatte recht, doch alles Recht der Welt konnte das Pochen in meinem Herzen nicht aufhalten. Ich taumelte vor Unsicherheit. Ein Teil meines Gehirns ließ eine warnende Stimme erklingen. Obwohl das Herz der Menschheit schon oft von ihren Boten des guten Willens verändert worden war, fühlte ich mich dieser gewaltigen Aufgabe nicht gewachsen. Mein ganzes Leben lang war ich schüchtern gewesen. In einem Klassenzimmer aufzustehen, war eine furchtbare Tortur gewesen. Wenn ich die Botschaft an der Türschwelle der Menschheit platzieren und dann wieder weglaufen könnte, wäre es vielleicht einfach. Aber das konnte ich nicht tun. Ich würde bleiben und es zu Ende bringen müssen. Ich würde mit Sicherheit auf Kontroversen stoßen. Vielleicht würde es einen Sturm geben, sogar Steinwürfe. Ich würde den Spott und die Raketen der Unwissenden und Pseudointelligenten ertragen müssen. Es würde Zeiten geben, in denen ich gezwungen wäre, in Demütigung und Verzweiflung weiterzumachen.

Wie sollte ich vorgehen? Soll ich auf eine Vortragsplattform gehen? Sollte ich versuchen zu predigen? Die Leute hassen es, wenn man ihnen predigt. Ein Buch. Ich würde ein Buch schreiben. Das schien die beste Lösung zu sein. Die Inspiration der Botschaft könnte mich weiterbringen, wenn mein Herz nicht so sehr involviert wäre. Aber ein Haus, das mit sich selbst uneins ist, hat noch nie Bestand gehabt. Wie sollte ich mit einer großen Liebe, die an meinem Herzen nagte, jemals mit ganzer Seele und aufrichtig sein können?

Plötzlich schien ich von einem sanften Wahnsinn besessen zu sein. Ich wusste, dass es keinen Kompromiss geben konnte. Entweder war es die Ursache ... oder es war die Liebe. Ich fürchte, LeLando waren meine geistigen Verwirrungen nicht entgangen.

„Oh, mein Herz", sagte er mitfühlend. „Es wäre mir eine große Freude, dir zu helfen. Aber dieses Mal musst du allein entscheiden."

Ich griff nach einem sehr wackeligen Strohhalm.

„Aber was ist, wenn ich eine falsche Entscheidung treffe, LeLando? Meinst du, das wäre fair? Mit nur einer Chance, meine ich?" „Es gibt keine Zufälle im großen Plan", philosophierte er.

„Keine Zufälle vielleicht", antwortete ich schnell. „Aber wenn ich einen Fehler mache, werde ich mir wahrscheinlich bis zu meinem Grab Gedanken darüber machen. Doch mit dir ..."

Ich brach in einen Anfall von heftigem Weinen aus. Mein Geheimnis war gelüftet.

„Was ist es, Liebste?" LeLando tröstete mich. „Bitte weine nicht."

„Nun", schluchzte ich, „wenn ihr Leute hier einen Fehler macht, könnt ihr noch einmal von vorne anfangen. Man fügt einfach ein paar Jahre mehr zu seiner

Lebensspanne hinzu. Es spielt eigentlich keine Rolle mehr, LeLando. Es ist mir egal, wie alt du bist. Es ist mir egal, ob du dreißig oder dreihundert bist. Selbst wenn du so alt bist wie Methusalem. Ich liebe dich, LeLando. Ich liebe dich."

Es folgte eine atemlose Stille. Ich war mir sicher, dass LeLando mir jetzt davon erzählen würde. Schließlich antwortete er.

„Was spielt das Alter für eine Rolle, meine Liebe? Wenn man das Wissen um die geheime Kraft der Erneuerung erlangt hat, ist der Körper nicht älter, als er zu sein scheint. Die Substanzen des Lebens werden ständig neu geformt und umgestaltet. Es ist nicht notwendig, dass die Lebensatome in einem Zustand des Flusses dahinschmelzen ... damit sie wieder neu zusammengesetzt werden können. Wie im Tod, meine ich. Es wird die Zeit kommen, in der sich auch eure Welt der Langlebigkeit erfreuen wird. Aber das kann nicht kommen, solange ihr Kriege und Zerstörung beherbergt. Gewalt ist die negative Art, neue Anfänge zu schaffen. Wo konstruktive Arbeit geleistet wird, ist der Himmel immer anwesend und zur Zusammenarbeit bereit."

Ich starrte ihn ungläubig an.

„Du meinst, es ist so einfach?" fragte ich. „Deshalb haben unsere Wissenschaftler zu Hause alles Mögliche versucht, um die Jahre aufzuhalten. Vom Baden in Ponce de Leons magischem Pool bis hin zum Facelifting."

„Das Leben auf seinen abwärts gerichteten Bögen züchtet stets nur seine eigene Auflösung", informierte er.

Das Leben auf seinen Aufwärtsbögen ist regenerierend. Kreativ. Hier auf der Venus haben wir gelernt, wie wir unsere Körper neu erschaffen können, während wir noch in ihnen leben. Es ist ganz einfach, nicht wahr?"

Plötzlich wurde mir klar, welche Möglichkeiten in unserer eigenen Welt vor uns liegen. Aber wie lange würde es dauern, die Jahrhunderte der Konditionierung zu überwinden? Auf unserem Planeten war der Altersunterschied in der Ehe schon immer ein zentrales Thema. Auf der mentalen Ebene konnte man sich leicht anpassen, aber die physische und die emotionale Ebene ließen sich nicht so leicht in Einklang bringen. LeLando brach in meine mentale Kontroverse ein.

„Lebendig zu leben ... und lange zu leben, meine Liebste, ist in der Tat eine große Verantwortung. Viele unserer Leute ziehen die Veränderung, die du Tod nennst, sogar vor."

„Du meinst, wenn sie noch jung und schön bleiben können ... ja sogar glücklich, wollen sie trotzdem sterben? Warum eigentlich? Ich kann es nicht glauben. Wir halten an unserem Körper fest, solange er noch einen Kick hat."

LeLando lächelte.

„Das liegt an denselben privaten Zielen, die allen irdischen Motiven zugrunde liegen, meine Liebste."

Jetzt war es an mir zu lächeln.

„Wir haben Angst, wir könnten etwas übersehen, was? Nur ein weiteres Stück Egoismus", sagte ich.

„Bei euch Erdenmenschen", lächelte LeLando... „Das Morgen kommt nie. Es ist immer gleich um die Ecke. Ist es nicht so, meine Schöne?"

„Ja, LeLando. Wir sind ein regenbogenjagender Haufen."

„Wie du bemerkt hast", fuhr er fort. „Hier auf der Venus leben wir nicht nur, um zu genießen, sondern auch, um aufzunehmen und zu verdauen. „Wir sind oft froh, die menschliche Form aufzugeben, besonders, wenn sie ein Stadium der Sättigung erreicht hat. Dort, wo nichts mehr Gutes im Leben getan werden kann. Dies ist niemals ein Opfer. Es ist ein Privileg."

Meine vagabundierenden Gedanken begannen wieder zu wuchern. Ich fragte mich, wie wir Erdenmenschen uns verhalten würden, wenn wir unsere Jugend endgültig behalten dürften? Aber ich brauchte mich darüber nicht zu wundern. Ich war nicht anders als die anderen. Natürlich wäre ich bereit, jeder Laune nachzugeben, die mich überkam.

LeLando las meine dummen Gedanken.

„Du würdest es mit der Zeit lernen, meine Liebste. So wie so viele von uns erkannt haben ... irgendwann würdest du dich in der Tat sehr langweilen. Du würdest bereitwillig deine körperliche Form aufgeben. Oder du würdest gerne das Joch der Verantwortung tragen."

„Vielleicht würde ich es dann mit denselben Augen sehen wie du", sagte ich achselzuckend. „Wer weiß ... vielleicht wäre ich, wie du sagst, froh, Verantwortung zu übernehmen."

Nach unserer Sitzung war ich wieder bereit, mich auf meine Couch zu legen und zu schlafen.

8. KAPITEL

„Das Schicksal hat entschieden, mein Kind, dass Freundschaft und Liebe mit dir zu den dunkelsten Ufern der Menschheit gehen müssen. Die Stimme der Offenbarung hat in dir einen Kanal gefunden. Du musst sie weitertragen." Es war David, der sprach, der gute, gütige David. Mit seinem von Mitgefühl geprägten Gesicht führte auch er mich auf den Weg meiner Pflicht.

Nach dem Abendessen saßen wir alle gemütlich in einem runden Raum.

„Ich bin dir so dankbar für deine Hilfe, David", gab ich zurück. „Es ist eine göttliche Gunst, die mir zuteil geworden ist, etwas, das ich mir auf Erden nie verdient habe. Ich werde natürlich mein Bestes geben, ... aber es muss doch Menschen geben, die viel besser geeignet sind, es auszuführen als ich."

„Göttliche Gunst muss man sich verdienen", erwiderte David. „Irgendwo ... irgendwann hast du dir dieses Recht verdient."

„Aber, ich muss gestehen ... ich fühle mich so hoffnungslos unzulänglich", erwiderte ich.

„Bist du nicht ein Bürger des großartigsten Landes auf deiner Erde? Amerika, mein Kind, hat nie vor dem König der Priester niedergekniet. Es hat versucht, seine Toleranz auf die beste Art und Weise zu praktizieren, die es kannte. Amerika wird sich erheben, um in der Fülle seiner verfassungsmäßigen Rechte zu leben, es wird seine Doktrin der Gerechtigkeit leben, es wird

75

gezwungen sein, tief in den Boden seiner großen Tugenden zu graben. Das, was sie gelehrt hat, muss sie eines Tages praktizieren. Hier auf der Venus haben wir nur eine Religion ... die Religion der Liebe. Die Liebe wird schließlich zum Grundsatz der Größe Amerikas werden."

„Aber", überlegte ich. „Werden all diese Dinge nicht in der Reihenfolge der natürlichen Ordnung auf unsere Erde kommen? Zu ihrer eigenen Zeit? Wie kann ich als kleines Kind etwas tun, um die Dinge zu beschleunigen?"

„Tochter der Erde, zuerst muss dein Land von Kriegen und Unruhen verschont bleiben. Die Menschheit muss in den Wegen der Liebe unterrichtet werden. Eine neue Lebensweise muss in deine Welt kommen."

Nach Davids Plädoyer gab es ein kurzes Zwischenspiel, in dem Nektar gereicht wurde. Wir nippten an unserem Getränk, begleitet von himmlischer Musik, und schließlich fuhr David fort.

„Die Hoffnung steht in eurer Geschichte genauso geschrieben wie in unserer. Alle Universen ... alle Welten, sie sind durch einen unzerreißbaren Faden miteinander verbunden. Manchmal verknotet sich dieser Faden an einem bestimmten Punkt. In anderen wird er dünn. Aber schließlich wird er aufgefangen und wieder in das unsterbliche Gewebe eingewoben. Vielleicht wäre es überzeugend, wenn wir euch zeigen würden, wie ihr Land seine Sorgen und seinen Streit geerbt hat, anstatt es euch zu erklären. Woher sein Widerstand und seine Konflikte kommen." David drehte einen Knopf an einem ungewöhnlich aussehenden Instrument, und im nächsten

Moment erschien an der gegenüberliegenden Wand ein Bilddrama.

* * * *

Der Nachtwind wirbelte die Bäume in einem heftigen Sturm durcheinander. Ein Sturm braute sich im Kessel der Natur zusammen ... ein Sturm, der mein Wesen in einem Schraubstock der Angst festhielt.

In einem Augenblick stand der Himmel in Flammen. Die Vegetation verdorrte und schrumpfte, als wollte sie einem unbekannten Schrecken entkommen. Dann kam das Tierleben, brüllend und schreiend. Die Vögel der Lüfte konnten ihren Flügelschlag nicht mehr kontrollieren. Zerstörung ritt über die Luftwellen ... ein Vorspiel der nahenden Katastrophe.

Plötzlich brach die Stunde der Finsternis an und brach mit voller Wucht herein. Die schönen, üppigen Täler ... die schneebedeckten, hohen Gipfel ... die Dörfer und Täler ... sie alle zitterten am Rande eines düsteren Schicksals.

Am Himmel grollte der Donner, und die Blitze krachten. Der Himmel über ihnen war bald in Blut und Feuer getaucht. Schwere Felsen in den Flüssen und Bächen wurden aus ihren Verankerungen gerissen. Gischt und Schaum spritzten über das Land. Die Mauern, die starke Strukturen gestützt hatten, stürzten mit einem großen Schlag ein. Hoch aufragende Kolonaden wurden in Stücke gerissen. Paläste, in denen die Herrscher lebten, palastartige Villen und kleine Häuschen, sie alle wurden in die tosenden Fluten gestürzt. Es schien, als hätte die

Erde ihr hungriges Maul aufgerissen und verschlang ihre menschliche Familie mit reißenden Schlucken.

Die Schreie der weinenden und klagenden Menschen ... das gequälte Stöhnen der Tiere war über dem sintflutartigen Tosen der Natur zu hören. Sie kämpften Seite an Seite mit den Menschen, stürzten übereinander und versuchten, höheres Gelände zu erreichen, aber auch sie kämpften gegen die Unausweichlichkeit des Schicksals.

Einigen wenigen gelang es, sich in dem Gewirr festzuhalten, aber nicht sehr lange. Die Natur wütete wie verrückt und wollte sich rächen. Die irdischen Trümmer wurden in eine verschlungene Masse von Müll verwandelt, und die Kiesel der Menschheit wurden zerquetscht und bluteten in der wütenden Flut der Zerstörung. Sie wurden tot und verlassen an den Ufern einer zerfallenden Welt zurückgelassen. Das Land, das sich in Sünde gewälzt hatte, war nun in den Wellen verschwunden.

Dies war die geisterhafte Geschichte, welche die Tradition zu erzählen hatte. Eine Geschichte, die erzählt und wieder erzählt wurde. Dass einige von ihnen in höhere Gefilde entkamen, versteht sich von selbst, denn sie waren die Saat, aus der die heutige Menschheit hervorgegangen ist. Doch im Unterbewusstsein fließen noch immer die Kämpfe und Schrecken einer längst vergangenen Zeit. Ich wusste jetzt, was David meinte. Dies war der Schrecken, den wir überwinden müssen, bevor das Leben auf der Erde jemals wieder ruhig und friedlich sein kann. Er muss aus dem Unterbewusstsein getilgt werden, bevor Reichtum und Luxus, wie sie die Menschen auf der Venus kannten, unser sein können.

Sobald ich mich wieder orientieren konnte, wandte ich mich an David.

„Ich glaube, ich verstehe jetzt", sagte ich bescheiden. „Wir alle leiden unter den Sünden unserer Vorfahren. Wir haben uns selbst noch nicht gefunden. Und wenn man bedenkt ... im Herzen des Universums sind alle Ereignisse, die vergangen sind, noch erhalten. Aber ich nehme an, gemessen an der Ewigkeit sind tausend Jahre nur ein Tag."

„Jede Zukunft ist nur die Krönung der Vergangenheit von gestern", schloss David. „Unser Gestern kommt immer wieder zurück. Jedes Mal, wenn sie zurückkehren, bringen sie etwas Neues mit sich. Die Aufzeichnungen der Vergangenheit sind immer offen, um gelesen zu werden."

„Aber wie in aller Welt hast du *mich* gefunden, versteckt in der Wildnis der Superstition Mountains?" fragte ich. „Und warum bin ich ohne Stephen weggekommen?"

„Es gibt viele Kontaktstellen auf dem Planeten Erde", erklärte David. „Punkte, an denen man von Planet zu Planet ein- und ausreisen kann. Eure Große Wüste ist einer von ihnen. Die Superstition Mountains sind ein anderer. Dies sind die Dreh- und Angelpunkte des universellen Bewusstseins, denn hier werden die bruchstückhaften Überreste der großen kontinentalen Geschichten in geheimen Archiven aufbewahrt. Keine Angst ... in nicht allzu ferner Zukunft wird eure Erde eine

Antenne entwickeln, die stark genug ist, um sich auf uns einzustellen ... um uns so zu erkennen, wie wir sind."

„Ihr wisst nur wenig über die Möglichkeiten eures Landes", fuhr er fort. „Ihr wisst nur wenig über seine natürlichen Ressourcen. Wenn ihr Mittel und Wege findet, diese Ressourcen konstruktiv zu nutzen, wenn Egoismus und Gier besiegt sind ... dann wird eure Erde erschlossen sein. Wenn dieser Ton kommt, wird es keine leveitschen Monopole geben. Es wird keine fehlerhaften Systeme geben. Es wird keine machtgierigen Politiker geben.

„Wenn die Vorratskammern der Natur wieder geöffnet werden, werden alle einen Anteil daran haben. Das ist eine Prophezeiung. Eine Prophezeiung, die sich erfüllen wird. Dir, Kind der Erde, ist ein Vertrauen mitgeteilt worden. Was du hier gelernt hast, musst du dort weitergeben."

9. KAPITEL

Cactus Jeff verhielt sich seit einigen Tagen seltsam. Er war beim Abendessen oft abwesend. Wenn er sich zu uns gesellte, verließ er uns vor unseren angenehmen Gesprächen nach dem Essen. Jeff machte sich nicht die Mühe, sein Verhalten zu erklären, und ich war zunehmend beunruhigt. Irgendwie hatte ich das Gefühl, dass Blue Cloud durch sein wissendes Lächeln Bescheid wusste. Alles deutete auf eine Art von Intrige hin, und ich war entschlossen, ihr auf den Grund zu gehen.

Schließlich drückte ich ihn fest an mich.

„Was, um Himmels willen, hast du vor?" schimpfte ich. „Vergiss nicht, Jeff, wir sitzen alle im selben Boot. Wir dürfen keine Geheimnisse voreinander haben."

Jeffs saturninfarbenes, wettergegerbtes Gesicht errötete so stark, dass sogar sein rotkariertes Hemd beschämte.

„Es ist nichts, Miss", stotterte er. Aber seine ledrige Haut verzog sich schließlich zu einem Lächeln.

„Lüg mich nicht an, Cactus Jeff Stringfeller", mahnte ich. „Du läufst hier schon seit Tagen herum und siehst aus wie die Katze, die den Kanarienvogel verschluckt hat. Was ist los?"

„Aber ich sage dir doch, es ist gar nichts", protestierte er. „Dennoch habe ich etwas gespürt und bin dem nachgegangen."

„Du warst auf Prospektion, nicht wahr?" schimpfte ich." „Komm schon Jeff ... gib es zu."

Blue Cloud presste seine Lippen zusammen, um sich ein Kichern zu verkneifen.

„Was ist los, Blue Cloud?" bohrte ich nach. „Sag du es mir, wenn er nicht will."

„Jeff hat etwas ... Gold, ganz recht. Der große Glamour-Boy", klatschte Blue Cloud und rieb sich die Handflächen nach Navajo-Art.

„Glamour-Boy? Was in aller Welt meinst du? Hat der Cactus Jeff eine Romanze gefunden?" Jeffs alles verratendes Lächeln bestätigte Blue Clouds Eingeständnis.

„Aber Jeff ... du alter Geheimniskrämer", stichelte ich. „Die Wunder hören nie auf."

„Der schüchterne Goldsucher wandte den Kopf ab, um meinen aufreizenden Augen auszuweichen. Er kratzte mit der Spitze seines Schuhs über den Boden und sagte:

„Das ist nichts Ernstes. Aber sie ist furchtbar hübsch." Er zögerte einen Moment, dann fuhr er fort. „Ky-rie ist auch meine Art von Leuten."

„Ky-rie? Was für ein hübscher Name?" sagte ich. „Ist sie jemand, den ich schon kennengelernt habe, Jeff?"

„Nein, du kennst sie noch nicht."

„Jeff sucht Gold in den Bergen, doch er findet Gold in der Frau", kicherte Blue Cloud.

„Sag mir Jeff, wo hast du sie gefunden?" fuhr ich fort.

„Jeff findet sie in den Hügeln wie ein Reh", grinste Blue Cloud. „Ky-rie ist eine gute Malerin."

„Du meinst, sie ist eine Schauspielerin? Und du hast sie in den Hügeln gefunden? Komm schon ... was noch?"

Cactus Jeff stand beschämt da und zupfte an der Krempe seines Strohhutes.

„Das ist alles, was wir wissen, Miss. Sie ist Ky-rie. Und sie ist furchtbar nett."

Ich sah das Seelenfeuer, das in ihm brannte, und lenkte mein neckisches Geplänkel schnell in eine ernstere Richtung: „Und warum solltest du dir nicht eine Freundin suchen, Cactus. Wenn sie so nett ist, wie du sagst, muss ich sie einfach bald kennenlernen."

„Sie ist genau wie Katie ... genau wie sie", sagte er mit einem verletzten Gesichtsausdruck.

„Und wer ist Katie, Jeff?" Fragte ich.

Jeff drehte seinen Hut weiter und wechselte erst auf den einen, dann auf den anderen Fuß.

„Das war damals, vor mehr als zwanzig Jahren. Ich und Katie waren verlobt und wollten heiraten. Dann ... wurde sie krank ... und bevor ich den Prediger holen konnte, starb Katie." Jeffs Stimme stockte. „Als Katie dann wegging... dachte ich, es gäbe nichts mehr, wofür es sich zu leben lohnt. Dann traf ich auf Blue Cloud. Wir gingen auf die Suche.' Ich bin nicht anspruchsvoll, wie auch, aber ich konnte Katie einfach nie vergessen. Und das habe ich auch nie. Ky-rie... Gott segne sie... sie ist jetzt hier. Und Ky-rie ist genau wie meine Katie."

„Es tut mir so leid, Jeff. Ich weiß nicht, warum, aber ich habe wohl nicht so über dich gedacht, über eine Frau, meine ich. Ich freue mich so für dich. Das wird den Rest deines Besuchs hier so viel angenehmer machen. Aber fall nicht zu hart, Junge. Du könntest dich wieder verletzen." Ich glaube, in meinen Worten steckte sowohl ein wenig Ironie als auch tiefes Pathos.

„Mach dir keine Sorgen um mich", stotterte Jeff und zog seine Lippen zu einer geraden Linie des Widerstands. „Ich werde nicht zurückgehen."

Einen Moment lang war ich wie vor den Kopf gestoßen.

„Sag das nicht, Cactus", warnte ich. „Du gehst zurück. Ich gehe zurück. Es gibt nichts für uns, außer das." Es war nicht leicht, meine eigenen Schluchzer zu unterdrücken. Aber Cactus Jeff zeigte seine sture Ader. Er ballte die Fäuste und schlug in die Luft."

„Und wer will mir sagen, warum ein Mann nicht leben kann, wo er will? Es gibt doch kein Gesetz der Regierung, das mich daran hindert, hier zu leben, oder?"

Ich war verständnisvoll und gnädig.

„Nein, Jeff. Es gibt keine gesetzlichen Beschränkungen, die uns binden, Gott sei Dank. Aber manchmal gibt es spirituelle Gesetze, denen man gehorchen muss. Pflichten, die wir erfüllen müssen und die größer sind als unser Verlangen. Ich fürchte, so ist es auch bei uns."

Cactus Jeffs Gesicht war sehr angespannt.

„Ich habe mich mehr als zwanzig Jahre lang in mir selbst verkrochen ... da draußen in den Bergen ... manchmal ganz allein. Ich hatte niemanden, dem ich meine Sorgen erzählen konnte, außer den Kojoten. Und jetzt kommt Kyrie... Nö. Ich geh' einfach nicht zurück."

„Rede du mit ihm, Blue Cloud", flehte ich. „Du weißt, dass wir hier nicht bleiben können. Du weißt, *warum* wir zurückgehen müssen."

„Um hier große Dinge zu lernen", antwortete Blue Cloud und machte eine Geste, indem er langsam und rhythmisch mit dem Kopf nickte." Die Alten ... sie wissen es."

Jeffs Lächeln war ein wenig sarkastisch.

„Was hat das mit mir zu tun? Ich bin nicht lernbegierig. Ich könnte diesen Erdentölpeln nichts beibringen, selbst wenn ich doch zurückgehen würde, oder?"

„Ich weiß, wie das ist, Cactus. Ich weiß es wirklich", seufzte ich. „Ich fühle mich selbst ziemlich unzulänglich. Doch es ist eine Aufgabe, die erledigt werden muss. Wir sind dazu auserwählt worden, sie zu erledigen."

„Das ist nicht mein Job ... und ich werde ihn auch nicht machen", knurrte er mürrisch. „Zumindest nicht, wenn ich Ky-rie nicht mit zurücknehmen kann."

„Meinst du nicht, dass das ein bisschen egoistisch wäre, Cactus? Sie von all dem hier wegzuholen?"

Jeff betrachtete die Sache aus einem anderen Blickwinkel.

„Vielleicht braucht sie das alles gar nicht aufzugeben. Vielleicht werde ich sie reich machen."

Ich war aufrichtig verärgert und zeigte das auch. Es war eine Sache, selbst widerspenstig zu sein. Jeff war meine persönliche Verantwortung. Er würde helfen, meine Geschichte über unseren Flug zur Venus zu bestätigen. Mein Herz und meine Seele lagen ihm zu Füßen. Wie gut ich doch wusste, was es bedeuten würde, mit einem vor Liebe brennenden Herzen über diese Millionen von Kilometern zurückzufliegen. Ich versuchte mein Bestes, ihn zu trösten.

„Du wirst alles über diese Ky-rie vergessen, sobald du wieder zu Hause bist", sagte ich. Doch meine Bemühungen waren wenig erfolgreich.

Warum währte das Glück nur so kurze Zeit, um dann wieder weggerissen zu werden? Cactus Jeff war eine treue, loyale Seele. Er würde um jeden Preis an seiner Loyalität festhalten.

„Nein, Ma'am. Ich werde Ky-rie nicht vergessen ... niemals", sagte er bitter. „Sie ist in mir wie ein Juckreiz. Es ist, als würde ich meine Katie noch einmal treffen. Wenn sie mich mit ihren großen schwarzen Augen anschaut, habe ich Angst. Ich sehe immer noch Katie, als sie mir Lebewohl sagte ... dann starb sie. Ky-ries hübsche Nase rümpft sich, wie die von meiner Katie. Sie sieht aus wie eine Italienerin ... nur dass sie sonnenverbrannt ist."

Ich wurde immer besorgter, während Cactus weiterredete. Ich spürte, dass Jeff niemals nachgeben würde. Es war geradezu gehässig von mir, diesen Gedanken zu hegen, aber ich hatte das Gefühl, dass er irgendwie desillusioniert sein musste. Doch auf welche Weise? Wenn ich diese Ky-rie treffen sollte, würde ich wahrscheinlich keinen einzigen Makel finden können. Was wäre freundlicher ... ihn jetzt zu desillusionieren ... oder sein Herz für immer zu brechen?

Jeff plädierte immer noch für seine Sache und fuhr fort.

„Genauso wie meine Katie ... Ky-rie trägt immer so schöne Krüge. Die beiden Mädels ... sie sind einfach gleich. Du und Blue Cloud, ihr solltet euch besser um euren eigenen Kram kümmern. Ich werde nicht zurückgehen."

Eine verschwommene Idee kam mir zu Hilfe, und ich hatte vor, sie bis zum Äußersten auszuspielen.

„Wie alt ist Ky-rie, Jeff?" Ich drängte ihn.

„Ich schätze, sie ist um die zwanzig. Ungefähr so alt wie meine Katie war."

Blue Cloud schürzte die Lippen und deutete mit dem Zeigefinger ... ein indianisches Merkmal, wenn eine Idee geboren wird.

Mit frecher Zunge fuhr ich unverfroren fort:

„Würdest du sie immer noch lieben, Jeff, wenn du herausfinden würdest, dass sie eine alte Frau ist? So um die hundert?"

„Aber Ky-rie ist keine hundert, sie ist keine alte Frau", donnerte Jeff.

Vielleicht hast du recht, Cactus. Aber du hast gehört, was das kleine Mädchen über Königin Zo-na gesagt hat ... sogar über ihren eigenen Vater und ihre Mutter. Stell dir vor: Sie können mehrere hundert Jahre leben ... und ihr Alter nicht zeigen, es sei denn, sie wollen es."

Cactus Jeff wurde wütend.

„Bin ich und alle anderen denn verrückt? Glaubst du nicht, ich erkenne einen jungen Mann, wenn ich einen sehe? Und was ist mit dir und diesem hübschen Kerl? Du sagst mir nicht, was ich zu tun habe. Das weiß ich schon selbst. Und Du bist selbst verliebt."

Mein Herz setzte einen Schlag aus und ich rang um Fassung. Ich konnte spüren, wie die Muskeln in meinem Gesicht zuckten. Ja, auch ich war hoffnungslos in einem Netz gefangen. Ich wusste es. Aber trotzdem musste ich weitermachen.

„Ich habe das alles schon mit mir selbst durchgemacht", sagte ich schließlich. „Und ich habe auch gelitten. Aber es wäre ein Witz für uns beide, wenn wir uns entschließen würden, hier zu bleiben, um dann eines schönen Morgens aufzuwachen und festzustellen, dass unsere Idole der Vollkommenheit nicht mehr jung waren. Mein galanter Romeo ist ein komischer Kauz mit langem weißem Bart und verkrümmter Hacke. Und Ky-rie ... was, wenn auch sie verkümmern würde, so dass sie deiner Urgroßmutter ähnelt?"

Es schien der einzige Weg zu sein, sich mit ein wenig Humor aus dieser Enge zu befreien. Cactus Jeff jedoch stürmte los. Er konnte so abgrundtief stur sein.

„Es ist nicht so. Es ist nicht so. Und ich bin fest entschlossen. Ky-rie ist hübsch. Und sie ist noch so jung. Wenn sie nicht mit mir zurückgeht ... dann bleibe ich eben hier."

Ich warf einen Blick in die Richtung von Blue Cloud.

„Eine schöne Frau, die im Land der Schönheit bleibt", verkündete er mit der Ausstrahlung eines alten Häuptlings.

88

„Dann, bei Old Billy Cain", schnaubte Jeff, „bleibe ich auch hier."

Jetzt wurde ich langsam verzweifelt.

„Hör mir zu, Cactus", sagte ich. „Wir stecken da zusammen drin. Wir müssen zusammenhalten. Besonders du und ich, ich habe mich auf meine seidenen Laken geworfen ... glaube nicht, dass ich das nicht habe. Aber ob wir der kleinen Ley-sa nun glauben oder nicht, ich weiß, dass diese Leute Wege haben, sich jung zu halten. Wir kennen ihr Geheimnis nicht. Und wenn wir es wüssten, würde es bei uns vielleicht nicht funktionieren. Überleg es dir, Junge. Tu nichts Unüberlegtes. Du bist schon über vierzig. In ein paar Jahren kommst du wirklich in die Jahre. Kyrie wird noch jung, frisch und hübsch sein. Und wenn sie ihr hässliches Entlein satt hat? Dann wärst du verzweifelt unglücklich, nicht wahr? Als Erstes würdest du von hier wegwollen. Aber das kannst du nicht. Du wärst gefangen. Vielleicht müsstest du eine lange Zeit so leben."

Seine Augen glühten.

„Ky-rie ist meine Art von Leuten", wetterte er. Das ist das erste Mal in meinem Leben, dass ich Leute von meiner Art treffe."

„Nein, Cactus. Das sind nicht deine Leute. Und sie sind nicht mein Volk. Aber eines Tages, wenn wir uns anstrengen, können wir wie sie sein. Wir können das schaffen. Wir können ein kleines Stück von ihnen mitnehmen. Vielleicht können wir ein wenig von ihrer Freude an die Leute zu Hause weitergeben. Das würde dir doch gefallen, oder?"

89

„Sie glücklich machen?", brummte er? „Ich bin einfach nicht so großherzig. Was haben sie je für mich getan?"

„Aber wenn wir freiwillig zurückgehen, haben wir unsere Aufgabe erfüllt", argumentierte ich. „Das ist doch ein gewisser Trost, nicht wahr? Es ist wie mit dem Soldaten, der rausgehen und kämpfen muss. Er tut es nicht gern ... aber er entzieht sich auch nicht seiner Pflicht."

Nach meiner Beratung atmete ich erleichtert auf. Mit dieser neuen Entschlossenheit hatte ich das Gefühl, dass auch ich LeLando mit neuer Unerschrockenheit entgegentreten konnte. Also wandte ich mich in besserer Laune an Jeff.

„Ich würde gerne deine Freundin kennenlernen, Cactus. Ich weiß, dass ich sie lieben werde."

„Sie meinen das ernst, Miss", schwärmte er mit einem neuen Leuchten in den Augen. „Bist du sicher, dass du nicht versuchen wirst, sie von mir abzuwenden?"

„Das würde ich nie tun, Cactus. Unter gar keinen Umständen. Natürlich wirst du am Ende deine eigene Entscheidung treffen müssen. Ich hoffe, du siehst das genauso wie ich. Jemand muss unserer egoistischen Welt zeigen, wie man nicht egoistisch ist. Das glaubst du doch, oder?"

Aber Blue Cloud beanspruchte das letzte Wort.

„Seid wie die Indianer. Zeigt keinen Schmerz. Du vergisst meinen weißen Freund ... weißer Mann nimmt indianisches Land. Jetzt helfen Indianer dem weißen Mann, das Land zu behalten, das er gestohlen hat."

10. KAPITEL

LeLandos privater Terra-Van war eine extravagante Kreation, die sowohl auf Komfort als auch auf Geschwindigkeit ausgelegt war. Er erinnerte mich ein wenig an ein luxuriöses Automobil, das gebaut wurde, um in der Luft oder auf dem Wasser genauso effizient zu reisen wie auf dem Land.

Heute war einer dieser ganz besonderen Tage. LeLando nahm mich mit ins Amphitheater, um sich eines ihrer inspirierenden Dramen anzusehen. Auch er sah aus wie ein Modepüppchen, denn er hatte sein übliches Gewand abgelegt und trug stattdessen eine weite, blütenartige Hose aus lazurliblauem Stoff, die ab dem Knie mit Goldbrokat besetzt war. Seine mit Edelsteinen besetzte Tunika verlieh dem Charme seiner Persönlichkeit einen zusätzlichen Akzent.

Auch ich sah gut aus, denn Ona hatte dafür gesorgt, dass ich für diesen Anlass angemessen gekleidet war. Mein Kleid war aus einem weißen, tüllähnlichen Stoff, der mir in weichen Falten um den Körper fiel. Eine schlichte Goldperlenkette ... und eine Wachsblume in meinem Haar trugen etwas zu der reichen Schlichtheit meiner Kleidung bei. Meine Füße waren wie die von LeLando mit Ziegenledersandalen versehen.

Ich sank in die luxuriöse Pracht der blauen Kissen mit einer jubelnden Hingabe.

„Du hast mir etwas vorenthalten, LeLando", lachte ich. „Das ist mein wahrgewordener Bootstraum."

LeLando lächelte anerkennend.

„Schönheit trifft auf Schönheit, meine Liebe. Heute Abend bist du wie eine heilige Blume in meinem Heiligtum."

„Du sagst so schöne Dinge", erwiderte ich mit einem Hauch von Traurigkeit im Ton. „Aber es gibt hier so viele Wunder, dass ich sie kaum alle aufzählen kann."

LeLando lächelte, als wir in die Nacht hinausfuhren. Es war eine himmlische Fahrt, der Zauber der sichelförmigen Stadt leuchtete förmlich gegen den Sternenhimmel an.

Das Amphitheater war ein riesiges Gebäude aus weißem Marmor, das in einiger Entfernung von der Allee stand. Es schien in der Mitte einer weiten Fläche aus grünem Rasen und blühenden Bäumen zu entspringen. Auf mich wirkte es eher wie eine Bibliothek als ein Theater. Das kristalline Dach kennzeichnete den allgemeinen Trend der Architektur hier.

„Muss ich es noch einmal sagen, meine Liebe", jubelte ich. „Werden deine Wunder niemals enden?"

„Lass es mich noch einmal wiederholen, meine Liebste. „Diese Wunder werden eines Tages in deinem Lande ihresgleichen finden."

„Ich fürchte, nicht zu meiner Zeit, LeLando. „Das liegt zu weit in der Zukunft, als dass ich davon auch nur träumen könnte."

„Veränderungen kommen schnell", sagte er. „Extreme müssen auf Extreme folgen. So wie Freude auf Traurigkeit folgt ... so wie Schönheit auf Hässlichkeit folgt. So wie der Frieden auf den Krieg folgt. Nur wenn die Seele regiert, kann es höchstes Glück geben."

Als wir den Eingang des Amphitheaters erreichten, schwangen die massiven Türen weit auf und gaben den Blick auf ein prachtvolles Foyer frei. Reiche Teppichböden passten zu den exquisiten Wandbehängen. Verziertes Gold und Edelsteine, die hier so alltäglich sind, raubten mir fast den Atem.

Die Platzanweiser setzten uns vor die breite, geräumige Bühne, die nun in einem seltsamen, mystischen Licht erstrahlte. Die Musik war sanft und rhapsodisch, die Licht- und Musikeffekte stimmten überein.

Noch immer überwältigt von all dem, fühlte ich mich plötzlich nicht mehr glücklich. Es war wie eine seltsame Vorahnung ... etwas, das ich nicht erklären konnte. Ich versuchte, LeLando ein Alibi zu geben.

„Es ist so großartig, dass es beängstigend ist", sagte ich.

Zum ersten Mal seit meiner Ankunft hier empfand ich Beklemmung. Fast wünschte ich mir, ich wäre nicht hierher gekommen. Wie aus dem Nichts tauchte ein Bild von LeLandos Tanzpartnerin am Tag unserer Ankunft in meinem Bewusstsein auf, ich erinnerte mich an ihre exotische Schönheit, ihre fein geformten Züge. Aber was hatte sie mit meinen Ängsten zu tun? LOLITA DIE SCHÖNE. Natürlich war sie heute Abend die Hauptattraktion. Könnten sie ein und dieselbe Person sein?

Ich versuchte, meine Gefühle vor LeLando zu verbergen, aber er wusste, dass etwas nicht stimmte. Die Eröffnung des Schauspiels kam mir zu Hilfe, Flöten- und

Harfenklänge erfüllten den großen Innenraum. In wenigen Augenblicken traten die Tänzer auf. Im „BEFLÜGELTEN TANZ" stellten die Darsteller in ihren prächtigen Federkostümen riesige, fantastische Vögel dar. Sie tanzten zunächst auf leicht gefiederten Füßen auf der Bühnenoberfläche und stiegen dann langsam fast bis zum oberen Rand des Amphitheaters auf. In einem schnellen, rhythmischen Flügeltanz flatterten ihre Flügel mit der Anmut und Leichtigkeit eines Vogels vor und zurück. Sicherlich hätten sich die berühmten Tanzdirektoren auf der Erde niemals ein Farbenfest wie dieses ausgedacht.

Aber ich saß da, zitternd, meine kalten Finger fest umklammert von LeLandos weichen, poetischen Händen. Eng an seinen Körper geschmiegt und in den Glanz seines Geistes getaucht, versuchte ich, mich dem Ereignis hinzugeben. Aber die Musik, die sich zu einem hohen Crescendo steigerte, hämmerte in meinen Adern wie eine Batterie hypnotischer Trommeln.

Wieder war ich in den Tanz vertieft, und jede Übung wurde aufregender als die vorherige. Nirgendwo waren Drähte sichtbar. Keine offensichtlichen Antriebsmittel. Ich drückte LeLandos Hand, fragend. Er verstand sofort.

„Es ist das Gesetz der Levitation, meine Liebste", sagte er leise flüsternd.

Die nächste Tanznummer erwies sich als die verhängnisvolle. Es war das, worauf ich unbewusst gewartet hatte. Lolita die Schöne ... und ihr charmanter Partner Vy-cal.

„Warum nennt man sie DIE SCHÖNE?" fragte ich LeLando.

„Lolita ist die schönste Frau in unserem Land", antwortete er, wobei sich Stolz und Ruhm in seinem Gesicht abzeichneten. Auch ihre Talente sind auf keinem der Planeten übertroffen worden", fügte er hinzu.

Meine Befürchtungen bestätigten sich nun teilweise. Ich war eifersüchtig auf Lolita. Sie war das gleiche Mädchen, das ich in LeLandos Armen gesehen hatte. Und sie *war* wunderschön. Die Künstler zu Hause hätten alles dafür gegeben, dieses hinreißende Modell der Schönheit zu besitzen. Ihre olivfarbene Haut, ihre dunklen, rabenschwarzen Locken und ihre makellosen Gesichtszüge, die nun von der Reinheit ihres Kostüms umrahmt wurden, ließen sie wie einen Engel aussehen. Ich wusste, dass ich niemals hoffen konnte, meine Tugenden mit ihrem Maßstab zu messen. Und irgendwie spürte ich, dass LeLando an ihr interessiert war. Aber konnte irgendein Mann auf der Erde oder auf der Venus an ihr vorbeigehen?

Das schwächer werdende Licht unterbrach meine unheilvollen Gedanken. Die bezaubernde Schönheit begann nun zu verblassen. Plötzlich wurde das Theater in ein unheimliches Grauen getaucht. Mit dem Erlöschen der letzten Lichtstrahlen wurde die Bühne plötzlich in ein satanisches, rötliches Licht gehüllt.

Die Besorgnis wich dem Erschrecken. Dies war das erste Abstoßende, das ich seit meiner Ankunft erlebt hatte. Was hatte das alles überhaupt zu bedeuten? Ich ergriff LeLandos Hand. Selbst seine beruhigende Antwort reichte nicht aus.

95

Allmählich dehnte die rötliche Flamme ihren Umfang aus. Ich versuchte, LeLando zu vermitteln, dass ich unglücklich war. Dass ich von hier weg wollte. Warum machte er mir meine schöne Vorstellung von der Venus kaputt? Ich war durch Millionen von Meilen des Weltraums gekommen, um dem wunden Herzen der Welt zu entkommen. Jetzt wurde es mir wieder ganz real vor Augen geführt.

Als sich die Flamme bis zum hinteren Teil der Bühne ausbreitete, konnte ich im Licht eine Reihe abscheulicher Bilder sehen. LeLando flüsterte mir ins Ohr.

„Das sind die verächtlichen Götter", sagte er.

„Ich habe Angst, LeLando. Schreckliche Angst. Müssen wir bleiben?" flehte ich.

„Ja, mein Liebster. Ich habe Grund zu der Annahme, dass ihr bleiben müsst, um es zu Ende zu bringen."

Bevor ich weiter protestieren konnte, hatte Lolita einen weiteren Auftritt in DER TANZ DER BESESSENEN SEELE. Für ihr Publikum war sie die Seele der Lieblichkeit, aber für mich war sie nur ein weiteres hasserfülltes Bild. Warum konnte ich meine Gefühle nicht in den Griff bekommen? Wie sollte ich diese Tortur jemals überstehen? Ich knirschte mit den Zähnen, grub meine Fingernägel in LeLandos Fleisch. Verbittert beobachtete ich, wie die grau gekleidete, mit schweren Ketten gefesselte Gestalt versuchte, sich vom Boden zu erheben.

Das Licht des Mars enthüllte nun das schreckliche Grinsen auf den Gesichtern der Figuren. In dieser elektrisierenden Atmosphäre zitterte der Saal unter dem

Gewicht der disharmonischen Musik. Dann wurde es mir wie ein Blitz bewusst. Diese Menschen erlebten die „Kontraste" des Lebens stellvertretend ... in ihren Dramen. Diese aufrüttelnden Episoden erinnerten sie stets daran, was mit ihnen geschehen könnte, wenn sie ihr geistiges Gleichgewicht verlieren würden.

Lolita, in das Leichentuch des Todes gehüllt, krümmte und quälte sich und wandte ihr schmerzverzerrtes Gesicht dem Publikum zu. Sie versuchte tapfer, auf die Beine zu kommen. Selbst diese Tortur schien die Schönheit, die sie ausstrahlte, nicht zu beeinträchtigen.

Allmählich nahm das Licht an Lautstärke zu. Eine nach der anderen gaben die Fesseln nach. Unter großer Anstrengung wurde Lolita schließlich von ihren Fesseln befreit. Die Musik schmetterte weiter ihre ohrenbetäubenden, klirrenden Geräusche, während sie sich in ihren Tanz hineinschwang. Das höllische Licht, das auf die düsteren Gesichter der Figuren fiel, ließ sie noch zorniger erscheinen. Das Amphitheater bebte förmlich unter ihren schwankenden Sockeln.

Lolita wandte sich trotzig gegen sie. Sie erwiderten ihren Hass in vollem Ausmaß. Ein fahles Lächeln ging über Lolitas Gesicht, als die letzte Fessel von ihrem Handgelenk und ihren Knöcheln abfiel.

„Die Musik war jetzt harmonischer, und die satanischen Lichter warfen einen gesünderen Schein. Lolita warf mit einer Drehbewegung ihr Leichentuch des Todes ab und enthüllte darunter ein schneeweißes Gewand. Der Tod hatte sich in das *Leben* selbst verwandelt.

Die roten Lichter wechselten zu einem sanften Violett, dann zu einem Magentafarbton und bildeten das Muster eines Heiligenscheins über Lolitas Kopf. Eines nach dem anderen fielen die Bilder zu Boden, während das schöne Geschöpf in strahlendem Glanz von der Bühne tanzte.

11. KAPITEL

Ein weiteres aufregendes Ereignis in meinem Buch der seltsamen Abenteuer stand kurz bevor. Wir hatten eine Einladung in den Palast von Königin Zo-na erhalten.

„Stell dir vor, Ona", rief ich aufgeregt, „wir werden deine wunderbare Königin kennenlernen." Ich wurde für ein besonderes Festkleid eingekleidet und Ona beaufsichtigte die Arbeit.

Das Lächeln, das auf Onas Lippen lag, verschwand.

„Wir lieben unsere Königin", sagte sie ehrfürchtig.

„Ich weiß, dass du sie liebst, Ona, und ich werde sie auch lieben." „Aber ... sieh *mich* doch an. Warum? Ich habe in meinem ganzen Leben noch nie so ausgesehen. Ich würde sagen, die Kleider *machen* die Frau aus."

Das war eine kleine Offenbarung für mich, denn Kleidung war nie meine Hauptsorge gewesen. Mit einer Hose, einem Sonnenanzug und bequemen Sandalen habe ich mich immer wohlgefühlt. Mein soziales Leben hatte ich auf meiner Suche nach Naturabenteuern leider vernachlässigt. Die Liebe zum Wüstensand und zur freien Natur stand an erster Stelle. Jetzt wollte ich mich von meiner besten Seite zeigen, nicht nur, weil ich in LeLando verliebt war, sondern auch, weil ich bald in der Gegenwart einer Königin wandeln würde. Diese Frau, Herrscherin über alle, würde sicher auch meinen kleinsten Fehler bemerken. Selbst meine besten Bemühungen wären nicht gut genug.

Ona, die liebe, süße Ona ... sie hatte die besten Schneiderinnen des Landes angeheuert. Das Ergebnis war die Kreation, die ich in meinem Spiegel betrachtete. Es war ein leichtes, luftiges Kleid, das vor Glanz geradezu irrlichterte. Es brachte das Weiß meiner irdischen Zerbrechlichkeit zur Geltung und verlieh meinen dunkelbraunen Augen und meinem kastanienbraunen Haar Leuchtkraft.

Ich war überglücklich, doch ich spürte etwas in Onas wehmütigem Seufzer, das mir nicht ganz gefiel. Schließlich kullerte eine vagabundierende Träne über ihre rosafarbene Wange.

„Ona, Liebling", rief ich. „Du weinst, was ist denn los?"

„Ich denke an unsere Königin, meine Liebe. Sie wird sehr müde..."

„Du meinst...?"

„Unsere Seher haben uns gesagt, dass unsere Königin uns bald verlassen wird."

„Sie würde doch niemals sterben, nach all den Hunderten von Jahren ihrer Herrschaft? Nicht das, Ona! Wie würdest du jemals ohne sie zurechtkommen?"

„Es gibt keinen Menschen, der völlig unentbehrlich ist, meine Liebe. „Nicht einmal der Größte von allen. So ist das im Leben. Wir müssen unsere Tatsachen akzeptieren. Aber unsere Herzen werden traurig sein. Unser Weg wird einsam sein."

„Aber ... sie ist doch dein Rückgrat? Euer Leben. Königin Zo-na ist alles."

„Ja, meine Liebe... „Königin Zo-na hat ihre Aufgabe gut erfüllt. Nie hat sie ihr Volk gefährdet. Niemals hat sie sich dem Ehrgeiz gebeugt. Nie war sie zu sehr damit beschäftigt, mit den Geringsten von uns eins zu sein. Sie hat uns die Tugenden des gegenseitigen Teilens gelehrt. Sie hat uns viel Luxus und Schönheit geschenkt. Wir hier auf der Venus haben nie Verbrechen in irgendeiner seiner abscheulichen Formen gekannt. Große Führung, meine Liebe, erkennt man nur an ihrem Ergebnis."

„Bist du nicht einfach nur in Panik bei dem Gedanken, sie zu verlieren, Ona? Kann man da nicht etwas tun?"

„Ja, meine Liebe. Ich fürchte, wir sind alle ängstlicher, als wir zugeben wollen. Vielleicht liegt es daran, dass wir das nächste Mal die männliche Herrschaft fürchten. Das Männchen ist immer auf der Suche nach Macht. Männliche Herrschaft führt oft zu Dominanz. Wiederum zu Tyrannei. Das Gute ist immer das Ergebnis von Kooperation, nie das Ergebnis von Eroberung."

„Aber mir scheint, dass Ihre Vorstellungen von der Gleichheit der Geschlechter die Dinge geradezu perfekt machen sollten", erwiderte ich.

„Es ist das männliche Wesen, das unsere Kriege führt, meine Liebe, niemals das weibliche. Unter weiblicher Herrschaft hat die Saat der Gewalt wenig Gelegenheit, fruchtbaren Boden zu finden."

„Damals hast du etwas gesagt, Ona", stimmte ich zu, „ich glaube, ich war immer für eine Art Super-Suffragetten-Bewegung ... eine Hilfsregierung für Frauen. Das sollte dem Krieg ein Ende setzen."

„Väterliche Führung führt so oft zu politischer Disharmonie", fuhr Ona fort. „Nein, meine Liebe, ich bin sicher, deine Erde würde den Sinn des Krieges nicht kennen, wenn die Frauen deiner Welt ein Mitspracherecht bei der Kriegserklärung hätten."

„Wenn Königin Zo-na also zu ihrer letzten Belohnung gehen muss, warum delegiert sie dann nicht zuerst ihre Verantwortung? Warum ernennt sie nicht eine andere Königin?" Fragte ich. „Trotzdem ..." Ich schweifte ab ..., „Ich kann beim besten Willen nicht verstehen, warum diese Frau, die die größte aller Zivilisationen ins Leben gerufen hat, abtreten und jemand anderem die Verantwortung überlassen will. Da sie die Macht hat, den Tod zu überwinden, würde ich das als eine Form von Selbstmord bezeichnen."

Ona schien schockiert zu sein.

„Ich bedaure Ihr Missverständnis, meine Liebe. Unsere verehrte Königin gibt sich nicht den Unwägbarkeiten der Ungewissheit hin. Sie hat zwar die Macht, ihre Lebensjahre zu verlängern, aber es ist nicht vorgesehen, dass sie das tut. Unsere Königin hat ihr geliebtes Volk weit nach oben auf die Leiter der Errungenschaften geführt. In unserer Kindheit hat sie uns mit Liebe bemuttert. Sie hat uns weise durch unsere Jugendzeit geführt. Sie hat uns im Erwachsenenalter gut gedient. Jetzt müssen wir stehen oder fallen ... aber wir müssen es allein tun."

„Ich bewundere deinen guten Geist, Ona", sagte ich.

„Man muss versuchen, das Leben vom Horizont der Weisheit aus zu betrachten, meine Liebe. Im Leben eines jeden

Individuums ... im Leben jeder Nation ... auf allen Planeten überall ... kommt die Zeit des Wandels. Disharmonie in jeder sozialen Struktur ist in

in Wirklichkeit eine innere Krankheit. Kluge und ehrliche Führung kann immer eine Heilung herbeiführen.

Heilung bringen. Aber wenn das Ende das Ergebnis einer physischen Auflösung ist ... Erdbeben oder

Vulkanausbrüche, dann kann nur die Natur diese Übel heilen. Aber, meine Liebe ... die Zeit ist flüchtig. LeLando wird bald eintreffen. Du denkst sicher an das Treffen mit unserer Königin. Es wird ein Ereignis sein, an das du dich lange erinnern wirst."

„Ich werde es in meinem Buch als eines der wichtigsten Ereignisse meines Lebens festhalten", gab ich zurück.

* * * *

LeLando kam zur festgesetzten Stunde und sah aus wie ein Ritter aus alten Zeiten. Seine grünen Samthosen waren reich mit goldenen Edelsteinen verziert. Aber ich fühlte mich dem Anlass durchaus gewachsen.

„Du siehst heute Abend wunderschön aus", sagte er, als er meine Hand an seine Lippen führte und mich bewundernd musterte. „Das Wunder der Liebe hat von dir Besitz ergriffen."

„Mein Prinz", hauchte ich ekstatisch, „auch du bist bezaubernd. Und das alles im Namen deiner glorreichen Königin. Ich hoffe, LeLando, dass ich mich gut benehme. Weißt du, ich musste mich an so vieles neu gewöhnen. Jedes Mal, wenn ich mich umdrehe, gibt es etwas Neues."

„Du hast von unserer Königin nichts zu befürchten", sagte meine Schönste. „Königin Zo-na reicht allen die freundliche Hand der Kameradschaft."

Als unser Terra-Van vor den Toren des Palastes hielt, glaubte ich, dass ich doch etwas zu fürchten hatte. Meine infernalische Eifersucht. Mein Körper bebte vor bösem Widerwillen, denn vor uns stieg aus ihrer vergoldeten Kutsche dieses köstliche Stück Weiblichkeit ... Lolita.

War sie Freund oder Feind? Ich wusste es immer noch nicht. Aber warum wurde ich ständig von diesem hinreißenden Geschöpf verfolgt? Und warum blieb der Schmerz bestehen, obwohl LeLando mir in jeder Hinsicht versicherte, dass er mich liebte? Weder mit Worten noch mit Taten hatte er jemals ein persönliches Interesse an Lolita bekundet. War das etwas aus der Vergangenheit? Vielleicht eine Romanze, die ihrerseits nie zu Ende gegangen war?

Wie von einer unsichtbaren Macht angetrieben, trafen sich unsere Augen ... meine in einem starren Blick. Ich versuchte verzweifelt, die Emotionen, die in mir aufstiegen, zu bekämpfen, aber meine Beine waren unsicher und mir wurde schwindelig. LeLando zerrte mich fast durch die Türen des Palastes.

Was war mit meiner Welt geschehen ... der Welt, die so glücklich und fröhlich gewesen war? Warum ließ LeLando zu, dass ich mich auf diese Weise quälte? So sensibel wie er für meine Schwingungen war, wusste er doch sicher, welche Qualen in meiner Seele vor sich gingen. Außerdem, was würde diese Königin Zo-na von mir denken? Auch sie würde in mein schwarzes Herz blicken und die Eifersucht sehen, die darin steckte. Ich kämpfte darum, die Tränen zurückzuhalten, die sich in meinem Kessel des Elends zusammenbrauten.

Die gepflegten Diener an den Türen des Palastes verneigten sich tief zur Begrüßung. Ich betete im Stillen, dass ich von dieser schrecklichen Unterdrückung befreit werden möge. Dass ich meine Schande nicht in den Thronsaal dieser unsterblichen Frau tragen würde.

Ob als Antwort auf meine Gebete oder durch das Wunder der schillernden Kämpfe ... plötzlich fühlte ich mich tatsächlich erleichtert. Dann wurde ich fast unbewusst durch die Türen in die Kammer der Königin geführt.

Es war ein riesiger, kreisförmiger Raum, mit einem großen offenen Kamin an einem Ende, der eine wohlige Wärme ausstrahlte. Am anderen Ende befand sich ein Miniatur-Innengarten, in dem es von Blumen und Grünzeug nur so wimmelte. Ein Kristallbrunnen warf einen sanften Strahl gegen das Spektrum der Regenbogenfarben und erfüllte den riesigen Raum mit einer Schönheit, die fast übernatürlich war.

Kostbare Vorhänge schmückten die Wände, auf denen die Geschichte des Landes abgebildet war. Die Böden waren mit luxuriösen Teppichen ausgelegt, und die Möbel aus Gold und Elfenbein waren kunstvoll im Raum verteilt. Sterbliche Worte würden der majestätischen Eleganz der Kammer der Königin nicht gerecht werden.

Ihre Majestät, königlich und stattlich, saß auf einem Thronsessel aus filigranem Gold, drapiert in reichem, königlichem Purpur. Ich blickte gebannt auf sie, denn sie war viel jünger, als ich erwartet hatte. Ihr Gesicht leuchtete vor Mitgefühl, und doch hatte sie diese Art der Beherrschung, die nicht nur eine einzige weibliche Einheit suggerierte, sondern die zusammengesetzte Liebenswürdigkeit der ganzen Menschheit. In ihrem Lächeln, das mich begrüßte, lag eine Herrlichkeit ... eine Stimme wie Musik aus den strahlenden Sphären. „Kind vom Planeten Erde", sagte sie. „Königin Zo-na heißt dich auf dem Großen Planeten Venus willkommen."

„Es ist ein großes Privileg, hier zu sein", sagte ich und verbeugte mich tief. „Und ein noch größeres Privileg, Euch kennenzulernen, liebe Königin." Ich war verlegen über meinen Mangel an guter Erziehung bei einer solchen Gelegenheit, aber ich tat mein Bestes.

„Unser Land ist die Utopie, nach der alle Menschen zu allen Zeiten gesucht haben", sagte sie. „Durch viele verschlungene Jahrhunderte hat der klare Strahl der Vollkommenheit auf uns herabgeschienen. Denke immer daran, Kind von Bacth ... die Liebe ist dein Schutz gegen alles Böse. Die Liebe allein, meine Geliebte, kann die Dunkelheit vertreiben. Die Religion der Venus ist eine Religion der Liebe."

„Das ist das Wunderbarste, was je in mein Leben getreten ist", antwortete ich, und meine Stimme klang aufgeregt und völlig schräg.

„Du musst die Pforten weit öffnen und den Sonnenstrahlen erlauben, in dein Herz zu strömen, mein Kind. Genieße die Schönheiten dieser Nacht in vollen Zügen." Es war ein freundlicher Befehl, und ich wollte ihm so gerne gehorchen. Aber wie unendlich klein fühlte ich mich in der Gegenwart dieser Frau, die auf ihrer Stirn die Insignien der Unsterblichkeit trug. Für mich war Königin Zo-na wie eine kosmische Mutter.

Die himmlischen Klänge, die aus dem Ballsaal ertönten, ließen meine Seele wieder in die Höhe steigen. Königin Zo-na verbeugte sich zum Abschied, damit auch ich mich den Freuden des Abends hingeben konnte.

LeLando führte mich abschätzend in das Zentrum des fröhlichen Treibens, das ebenso schnell in wildes Getümmel überging. Ich stand da und war zutiefst schockiert, denn Cactus Jeff und Blue Cloud hatten die Unterhaltung übernommen. Der Schlag der indianischen Trommel im Takt der lebhaften Klänge von „Com-t-yi-Yippee" und „Pop Goes the Weasel" drang tief in meine Seele ein. „Wie furchtbar! Wie einfach schrecklich!" schrie ich innerlich.

Mit wütender Stimme stürmte ich auf sie zu.

„Cactus Jeff! Blue Cloud! Was um alles in der Welt soll dieser ganze Krach?" Ich schleuderte meine Worte geradezu hinaus und stieß Cactus Jeff fast von seinem Stuhl. Er schaute mich fassungslos an und versuchte mit traurigen Augen, sich zu verteidigen.

„Ich tue gar nichts, Miss. Ich spiele nur ein bisschen mit meiner Gitarre.

„Das ist alles, was ich tue."

Das ist alles! Ist das nicht genug? Schämst du dich nicht, hierher zu kommen und uns Schande zu machen? Weißt du nicht, dass du dich zum Vollidioten machst? Und Blue Cloud hilft dir dabei?"

LeLando sah, dass eine unangenehme Situation aus dem Ruder lief und versuchte, uns zu beruhigen.

„Bitte lasst euch nicht stören, meine Liebste. Ich bin sicher, dass unsere Freunde aufrichtig ehrlich sind. Ich würde sagen, es ist recht amüsant."

„Amüsant?" Ich explodierte und brach in hysterisches Weinen aus. „Aber ... sie haben den Palast von Königin Zo-na entehrt. Ich schäme mich so für sie."

Fast unisono protestierten die Zuschauer mit ihren großen Augen. Ky-rie, die den Cactus Jeff trotzig verteidigte, ergriff das Wort.

„Wir haben die Unterhaltung von Cactus Jeff Stringfeller als sehr angenehm empfunden", sagte sie keck.

Dann meldete sich eine andere Stimme zu Wort.

„Bitte hör auf, liebe Dame ... Lass uns noch etwas mehr davon haben."

Ich schaute mich in dem großen Ballsaal um. Unter den Anwesenden befanden sich Gelehrte, Gebildete, Gelehrte, Diplomaten, und ihre Gewänder boten ein buntes Sammelsurium an Eleganz. Wer war ich, dass ich versuchte, diese Show zu leiten? Auch LeLando versuchte seine Überredungskünste.

„Siehe, meine Liebe, unser Volk lernt gerne andere Kulturen kennen."

„Andere Kulturen", erwiderte ich, „du verstehst das einfach nicht, LeLando. Das ist Scheunentanzmusik, indianisches Kriegsgeschrei. Wir haben vielleicht die Künste auf der Erde diffamiert, aber das hier ist eine Schande."

Cactus Jeff war von Demut erfüllt.

„Ich hatte nicht vor, dich zu entehren, Miss. Ich wollte nur meine Gitarre spielen, seit ich hierhergekommen bin. Es war für Ky-rie. Das war es." Cactus war aufrichtig zerknirscht und mein Herz erweichte sich ein wenig.

„Schon gut, Jeff", entschuldigte ich mich ... und schmollte ein wenig, weil ich keine Zeit gehabt hatte, mich zu beruhigen. „Wenn es der Wunsch unserer Freunde ist ... dann nur zu."

Ein Jubelschrei ging von den Tänzern aus, und die nächste Stunde gehörte diesen Prospektoren von der Erde ... einer mit einer indianischen Trommel, der andere mit einer Gitarre. Diese Musikinstrumente waren das einzige Gepäck, das die beiden mitgebracht hatten. Es schien eine lächerliche Unterhaltung für diese Venusbewohner zu sein, deren Musik meiner Meinung nach vom Himmel kam.

Die schwungvollen Akkorde fanden bald ein Echo in vielen fremden Füßen, und der Ball der Königin verwandelte sich plötzlich in einen samstäglichen Country-Tanz. Sogar Königin Zo-na selbst war unter den Teilnehmern, und ihr Lächeln beruhigte mich schließlich.

Endlich war der Tumult vorbei und die Harmonie wiederhergestellt, und Cactus Jeff und Blue Cloud genossen ihre große Popularität hinter hohen Gläsern mit Nektar.

Wieder erfüllten die Klänge sanfter Musik den Raum und die Tänzer versammelten sich mit ihren Partnern.

„Der heutige Abend ist unser", schwärmte LeLando. „Lass uns tanzen und singen und zusammen glücklich sein."

Ich zögerte einen Moment.

„Deine Tänze sind mir fremd, LeLando", lächelte ich. „Ich bin sicher, ich werde eine sehr schlechte Vorstellung geben."

„Unsere Tänze folgen einfach dem natürlichen Rhythmus", antwortete er. „Ich versichere dir, dass es nicht schwierig sein wird".

Natürlich waren es nicht die Tanzschritte, die ich fürchtete. Es war meine Unzulänglichkeit im Angesicht von Lolita. Sie war die Perfektion schlechthin und ich wusste es. LeLando würde uns mit Sicherheit vergleichen.

Meine Gedanken schwirrten vor Ungewissheit, als LeLando mich in seine Arme riss. Unsere Körper verschmolzen miteinander, unsere Seelen entschwanden auf der Musik der Sphären. Auf den rhapsodischen Wellen der himmlischen Klänge schwebend, flüsterte LeLando mir Worte der Liebe ins Ohr.

„Die Liebe ist die Tragfläche dieses Tanzes, meine Liebste. Ich wusste einfach, dass es so sein würde."

„Ich auch, LeLando", sagte ich in einem ekstatischen Flüstern. „Es ist so wunderbar." Ich war mir sicher, dass die Essenz von LeLandos Seele durch meine ging.

Im nächsten Moment befanden wir uns auf der Veranda des Gartens der Königin, und LeLando legte seine Arme um mich.

„Ich liebe dich, Liebste", sagte er. „Ich habe dich durch alle Äonen der Zeit hindurch geliebt. Unsere Liebe ist aus dem ewigen Gewebe geschaffen. Sie muss weitergehen, für immer und ewig.

Tränen glitzerten in meinen Augen. Meine Stimme erstickte hinter einem Schluchzen.

„Ich liebe dich auch, LeLando. Mehr als du jemals wissen wirst. Vielleicht kannst du es jetzt verstehen", jammerte ich verzweifelt. „Du kannst sehen ... du musst sehen ... es wäre grausam, wenn uns unsere Liebe wieder entrissen würde. Jeder Augenblick, den wir von dir getrennt sind, wird ein Zeitalter sein."

„Wenn die Liebe Bestand haben soll, muss sie im Scheitelpunkt besiegelt werden, meine Liebste. Dann kann sie niemals zerrissen werden. Unsere Liebe ist wie ein Strom von klarem, reinem Wasser, der von Anfang an geflossen ist, Es kann niemals eine Trennung geben, meine Liebe. Wir werden immer zusammen sein, denn dein Geist wird sich an meine Seele klammern."

„Ich habe versucht ... Ich habe so sehr versucht, das zu glauben", sagte ich wehmütig.

Es war eine wunderschöne sternenklare Nacht und der orangefarbene Mond schaute mit großer Großzügigkeit auf uns herab, während LeLando fortfuhr.

„Die Ekstasen des Fleisches sind nur für einen Moment, meine Liebste. Die Berührung der Lippen ist flüchtig. Aber unsere Liebe ist ein Stern, der unseren Weg durch alle himmlischen Gefilde leuchten wird. Sie kann weder von der Entfernung noch von den Gezeiten hinweggefegt werden, denn es ist der Geist, der die Gezeiten fließen lässt. Wir werden uns wiedersehen ... keine Angst. Wir werden uns dort treffen, wo die Trivialitäten des Lebens keine Existenz haben. Wenn die Mühen der Erde vergessen sind."

LeLandos letzte Worte gingen in der Nachtbrise unter, denn in einem Augenblick war ich aus meiner Welt der Transzendenz in eine Welt der schwarzen Knechtschaft gefallen. Lolita kam zur Begrüßung auf uns zu. Sie war glücklich und lächelte. Lolita hatte die Macht der Beherrschung, die mir fehlte. Für mich war sie wie eine furchtbare Plage, die auf den dunklen Schwingen der Nacht kam. Diese schreckliche Geißel in mir wurde zu plötzlicher Wut gepeitscht. Ich würde auf die Erde zurückkehren, Lolita würde immer bei ihm sein.

Nichts konnte mich jetzt noch umstimmen. Eine weibliche Intuition versicherte mir, dass irgendwann einmal etwas zwischen den beiden gewesen war. Es stand in Lolitas dunklen, fatalistischen Augen geschrieben. Es war in ihren bebenden Lippen zu sehen. Es mischte sich in die Ausstrahlung, die von ihr ausging, wenn sie in seine Nähe kam.

Ich wollte ein guter Sportsmann sein, aber ich konnte einfach nicht gnädig sein. Ich bin sicher, dass meine Augen vor Eifersucht glühten. Mein Gesicht muss in Unbeweglichkeit erstarrt gewesen sein. Ich konnte diese Sache, die an meinem Herzen zerrte, einfach nicht abtun.

LeLando sah meine unglückliche Lage und übernahm die Führung.

„Meine Liebste", flehte er voller Glückseligkeit. „Ich bete, daß du und Lolita schnell Freunde werden."

Lolita lächelte mich an, und ich war sicher, dass ihr Lächeln treu und aufrichtig war.

„Du musst versuchen, glücklich zu sein, meine Liebe", sagte sie. „Unsere Lieben aus den fernen Welten sind hier immer willkommen."

Ich habe es versucht. Ich habe mich sehr bemüht, meine Fassung wiederzuerlangen. Aber ich bin sicher, mein schwaches „Danke, Lolita" fiel sehr flach. Ich schämte mich zutiefst für meine Bemühungen, denn ich wusste, dass Lolita freundlich sein wollte. Ich glaube, das ärgerte mich noch mehr. Es machte mich noch ängstlicher als sonst.

Vielleicht betrachtete sie mich als ein Kleinkind. Ein Unfähiger. Aber am Ende war es Lolita, die mir zu Hilfe kam.

„Komm, mein Freund ... lass uns in diesem schönen Garten reden", sagte sie. „Die Nachtluft wird dich erfrischen. Außerdem werden wir uns besser kennenlernen."

„Nein! Nein!" Ich schluchzte. Ich muss allein sein. Ganz allein. Bitte Lolita ... das ist mein Problem. Ich muss es auf meine Weise lösen."

12. KAPITEL

Endlich allein gelassen, warf ich meinen Körper auf das smaragdgrüne Gelände neben einer sprudelnden Thermalwasserquelle. Mein Herz schmerzte vor Qualen. Wenn ich daran denke, dass ich vor so kurzer Zeit noch göttlich glücklich gewesen war. Jetzt war sogar der Geist der Freundlichkeit, der dieses fremde Land durchdrungen hatte, plötzlich verschwunden. Die Berge in der Ferne, die mich noch gestern mit einem Gefühl grenzenloser Sicherheit erfüllt hatten. Jetzt wirkten sie wie viele unheimliche Monolithen, die mich von oben herab anstarren. Es schien mir, als ob die zerklüfteten Felsen, die sich weit über die Felsvorsprünge lehnten, mir nun mit der Hand des Todes zuwinkten.

Der fröhliche Jubel, der von der Festgesellschaft der Königin ausging, war für meine Ohren unerträglich. Die Flöten und Harfen, die meinen ersten Tanz mit LeLando mit süßer Musik begleitet hatten, klangen jetzt rau und hart. Das schnell fließende Wasser, das in Kaskaden über die kristallenen Felsen floss, schien meinen Schmerz wiederzugeben. Aber über den Geräuschen von Mensch und Natur konnte ich seine Stimme hören. Sie war über mir, unter mir ... sie mischte sich mit allen anderen Geräuschen, und ich wusste, dass es so sein würde, bis ich den längsten Tag meines Lebens verbringen würde.

Horch! rief die Stimme meines Geistes. Schritte kamen auf mich zu. Aber es waren nicht seine Schritte. Bald erkannte ich Cactus Jeff. Im Halbdunkel konnte ich die Umrisse seines rotkarierten Hemdes erkennen. Sein Strohhut. Jeff blieb kurz stehen, als er mich erblickte.

„Ich habe überall nach dir gesucht, Miss", sagte er. „Was ist los? Hast du Kopfschmerzen ... oder so was? Amüsierst du sich nicht?"

„Bitte geh weg, Jeff", schluchzte ich. „Ich will niemanden sehen ... gerade jetzt."

Jeff sah beunruhigt aus.

„Erzähl's Cactus", sagte er mitfühlend. Ich und Blue Cloud sind deine Freunde. Hattest du Ärger mit dem hübschen Kerl?"

„Bitte, Jeff", rief ich wehmütig. „Geh weg. Bitte ... geh weg."

Mit tränenüberströmtem Gesicht wandte ich mich ihm zu. Es schien grausam von mir, diese beiden treuen Gefährten im Stich zu lassen.

„Ich möchte deine Ky-rie kennenlernen", sagte ich schließlich. „Aber nicht heute Abend."

„Ach ... das ist schon in Ordnung", versicherte Jeff. „Ky-rie ... sie hat Verständnis. Es wird ihr nichts ausmachen."

„Danke, Jeff. Du bist so ein toller Mensch", schaffte ich es zu sagen.

„Du siehst doch, wie es ist, nicht wahr? Ich kann da einfach nicht mehr reingehen. Ich will nach Hause... zu Ona und David."

„Du gehst nicht allein nach Hause ...! Wenn Kyrie nicht wäre... würde ich dich nach Hause bringen. Aber was ist mit dem hübschen Kerl los?"

„Ich kann es dir nicht sagen, Jeff. Ich kann es dir nicht sagen."

„Er war nicht unbedeutend", sagte er und musterte mich streng.

„Nein, Jeff. LeLando ist der liebste, netteste Mann, der je gelebt hat. Es liegt an mir. Ich weiß es nicht. Ich schätze, es ist diese höllische Alterssache, die dem Ganzen zugrunde liegt. Es liegt an Lolita. Sie ist wunderschön. Und Jeff... sie wird so bleiben. Ich kann nicht jung bleiben. Du kannst es auch nicht. Es wird nicht lange dauern, bis wir das sind, was man „Er-Sack" und „Sie-Sack" nennt. Ich bin eifersüchtig, Jeff. Teuflisch eifersüchtig."

Der wettergegerbte Bergmann versuchte so sehr, mich zu trösten. Er konnte das Bild aus meiner Sicht sehen. Aber er konnte es immer noch nicht mit seinem eigenen Problem in Verbindung bringen.

„Na, dann werde ich wohl den Teufel um einen Baumstumpf treiben", rief er aus.

„Die Welt ist schon komisch, nicht wahr?"

13. KAPITEL

Cactus Jeffs Gesicht zeigte Freudenfalten, als er stolz verkündete:

„Ich und Ky-rie werden heiraten." Um den großen Esstisch im Haus von Ona und David wurde es still. Die Unbeugsamkeit in Jeffs Stimme sprach ihre Endgültigkeit aus. Ich konnte nichts dagegen tun, aber ich versuchte, meine Gefühle hinter einer Maske der konventionellen Höflichkeit zu verbergen.

Ich schaute durch Ky-rie hindurch, die ich gerade erst kennengelernt hatte. Sie war nicht wirklich schön, aber sie war charmant. Sie hatte etwas Malerisches und Seltsames an sich. Ihre Gesichtszüge waren etwas unregelmäßig ... hohe Wangenknochen, ein ziemlich großer Mund und eine leicht kupferfarbene Haut. Schwüle, schräge Augen blickten durch lange, geschwungene Wimpern.

„Ich bin mir sicher, dass du Cactus Jeff sehr glücklich machen wirst", sagte ich kleinlaut. „Wir alle werden alles tun, um dir zu helfen, dich an unsere rohe Lebensweise zu gewöhnen."

Ich beobachtete Ky-rie auf ihre Reaktion. Sie stammte zwar aus der Arbeiterklasse, aber von Minderwertigkeit war bei ihr keine Spur. Sie zeichnete sich durch dieselbe ergreifende Anmut und eine flüchtige Qualität aus, die all diesen Menschen eigen ist. Sie begann zu sprechen, aber Cactus Jeff unterbrach sie.

„Kyrie wird keine neuen Wege kennenlernen müssen, Miss. Wir bleiben genau hier." Ich bin sicher, in meinen

Augen blitzte das Feuer der Empörung auf. Aber warum sollte ich diese geistige Verantwortung gegenüber zwei Mitmenschen empfinden? Ich kannte sie erst seit unserer Ankunft hier, und doch schienen sie meine persönlichen Schützlinge zu sein. Ich wandte Ky-rie ein nachdenkliches Gesicht zu.

„Ich hoffe, du weißt, was du tust, meine Liebe", sagte ich.

„Wir haben lange darüber geredet", erwiderte sie. „Jefferson Stringfeller ist unnachgiebig in seiner Wahl."

„Du meinst wohl, Ky-rie, er ist geradezu stur", gab ich zurück.

„Cactus Jeff ist der sturste Mann, den ich je getroffen habe."

„Ich bin nichts dergleichen", schoss Jeff zurück, und seine kleinen Augen blitzten wie Feuer. „Ich lebe seit mehr als vierzig Jahren und hatte noch nie ein gutes, faires Geschäft. Mich haut keiner mehr übers Ohr, und ich esse keine Krähe mehr. Und ich werde auch kein Bussard-Köder mehr für die Stadtmenschen da unten sein. Es ist immer dasselbe. Wenn ich denke, dass der liebe Gott auf meiner Seite ist, kommt ein diebischer Ziegenbock daher und frisst meine Backwaren und Bohnen auf. Ja ... Leute ... ich komme mit dem Töten von Ratten gut voran. Ich werde nicht zurückgehen."

Ich hielt meine Zunge in der Backe, aber ich überlegte schnell. Was konnte ich jetzt tun? Gab es eine Möglichkeit, ihn umzustimmen? Kyrie war die Seele der Ehre. Sie würde es nicht tun, wenn sie glaubte, dass es nicht das Richtige war. Aber Cactus Jeff hatte sie völlig von der Idee unserer gierigen, korrupten Welt überzeugt. Sie glaubte nun, dass es das Richtige wäre, auf der Venus zu bleiben. Als das nicht gelang, wandte ich mich an Blue Cloud.

„Und du, Indianer ... bleibst du auch hier?"

Blue Cloud wandte den Kopf in Richtung der Klippen in der Ferne. Sein starker indianischer Charakter zeigte sich in jeder Linie seines Gesichts.

„Blue Cloud bleibt bei einem weißen Freund", sagte er mit Bestimmtheit.

Ich war außer mir. Sie waren jetzt alle gegen mich. Die Indianer waren der Sache der Freiheit ergeben. Worte bedeuteten für einen Indianer wenig im Vergleich zu Taten. Blue Cloud fühlte, dass er hier auf der Venus irgendwie in das Bewusstsein seiner Vorfahren wiedergeboren worden war. In der Kiva war er in diesem Sinne unterrichtet worden. Hier konnte er schweigend in seiner eigenen charakteristischen Unerschütterlichkeit und Geistesstärke verweilen. Ich sprach wieder, diesmal nur, um die Anspannung zu lösen.

„Also ... Blue Cloud ... du lässt mich auch im Stich."

„Blue Cloud bleibt. Wir werden alle zusammen Freunde sein."

* * * *

Der Klang von LeLandos Stimme brachte mich zu der Erkenntnis meines eigenen Problems. Wieder überwältigte der Schmerz der Liebe mein gutes Urteilsvermögen. Warum hatte man eine so grausame Barriere gegen uns errichtet? Warum stand meine Seele in Flammen? Es fiel mir schwer zu lächeln, als ich mich zur Begrüßung umdrehte, aber Cactus Jeff war mir voraus, und er wurde in seiner freundlichen Geste laut, denn er hatte etwas zu erzählen.

„Hallo, Kumpel", grüßte er ... Du kommst gerade rechtzeitig zum Spaß. Ich... und Kyrie...

LeLando strahlte.

„Meine Wünsche und mein Glück begleiten euch beide", sagte er und verbeugte sich höflich.

Ich wollte jetzt unbedingt von Cactus Jeff wegkommen. Ich hoffte immer noch, dass sich die Dinge so entwickeln würden, wie ich es mir wünschte. Ich lenkte das Gespräch absichtlich vom Persönlichen zum Unpersönlichen.

„Notizen zu dieser Heiratssache muss ich mit nach Hause nehmen", sagte ich, „ich möchte alles Material sammeln, das ich zum Thema glückliche Ehen finden kann. Wir können da unten einiges davon gebrauchen. Bei uns wird die Ehe immer mehr zu einem großen Misserfolg."

David brachte den Ball ins Rollen.

„Hier auf der Venus ist der Zustand, den man Ehe nennt, normalerweise ein glücklicher Zustand", sagte er.

„Ich bin sicher, dass die Ehe so sein sollte", stimmte ich zu. „Aber bei uns ist sie eher zu einem Schlachtfeld der menschlichen Gefühle geworden. Deshalb möchte ich mir Notizen machen. Ich würde gerne mehr über eure spezielle Art von Ehemagie erfahren."

„Wir leben nicht nach magischen Regeln, meine Liebe", antwortete Ona.

Ich lachte.

„Es ist ganz einfach", fuhr Ona fort, „bei uns ist die Ehe nie ein Selbstzweck. Wenn eine Ehe gelingen soll, muss sie zu einem gemeinsamen Ziel beitragen. Jeder Partner muss lernen, die Freuden und Nöte des anderen zu teilen. Die Ehe hier auf der Venus ist zu allen Zeiten eine spirituelle Romanze."

„Es mag einfach klingen, wie du es formulierst, liebe Ona", gab ich zurück. „Aber in der Praxis funktioniert es nur selten so. Zumindest in unserer Welt. Ich glaube, meistens stürzen wir uns in die Ehe, getrieben vom animalischen Instinkt. Das ist auch die Ursache für die steigende Scheidungsrate."

„Ohne den spirituellen Drang ist jede Ehe zum Scheitern verurteilt", so David. „Ohne den spirituellen Drang ist die eheliche Couch besudelt." Cactus Jeff lief puterrot an. Er wollte schon etwas sagen, aber anscheinend besann er sich eines Besseren und beschloss, zuzuhören.

David fuhr fort:

„Wir werden in den Wegen der Ehe unterrichtet. Die Liebe muss gepflegt werden, so wie man die Blumen im Garten pflegt. Die Liebe sollte sowohl der Anfang als auch das Ende der Romantik sein. Freundschaft ist der Anfang von universeller Gemeinschaft und Liebe, Freundschaft ist das Fundament, auf dem jede erfolgreiche Zivilisation aufgebaut werden muss."

Ich spürte, dass ich ziemlich tief eindrang.

„Verstehe ich das richtig? Heißt das ... Ihr verliebt euch hier nie wirklich ineinander? So wie wir es tun, meine ich?" Ich dachte an die große Liebe, die ich gefunden hatte.

„Zuerst muss der kompatible Strahl da sein," antwortete David, „aber damit die Liebe rein bleibt, muss sie in fruchtbarem Boden gepflanzt werden, die Samen müssen die zarteste Pflege erhalten. Nur dann kann die Liebe gerade und stark wachsen." „Aber woher weißt du, ob es einen kompatiblen Strahl gibt oder nicht?" argumentierte ich und dachte dabei an Stephen. Wie schnell hatte ich meine Liebe zu Stephen auf diesen wunderbaren LeLando übertragen können. David antwortete auf seine eigene ruhige Art.

„Wenn es eine richtige kompatible Strahlung gibt ... wenn es Gleichgesinnte gibt und die Fähigkeit, sich harmonisch zu vermischen ... dann liefert das eine funktionierende Grundlage. Von dort aus kann jedes der Elemente richtig geformt werden. Aus einer solchen Verbindung werden wir mit hervorragenden Kindern gesegnet.

Ich habe mir die nächste Frage noch einmal durch den Kopf gehen lassen, bevor ich sie stellte. Schließlich siegte die Neugierde über die Konvention.

„Sie ignorieren doch sicher nicht die leidenschaftliche Natur?" sagte ich.

Ona übernahm die Verantwortung dafür.

„Es gibt nur eine wahre Leidenschaft, meine Liebe. Die Leidenschaft des Geistes. Alle Dinge müssen schließlich in der göttlichen Flamme gereinigt werden. Leidenschaft ohne Mitgefühl führt immer zu einem zerstörerischen Ende. LeLando, der gewartet hatte, bis er an der Reihe war, ergriff das Wort.

„Wie du sehr wohl weißt, meine Liebe, ignorieren wir das Fleisch nicht. Vielleicht schätzen wir die Sinnesfreuden nur deshalb mehr, weil unsere Liebesnatur intensiver ist. Sex ist die Wurzel jeder großen Errungenschaft. Er ist das quecksilbrige Fluidum der Transzendenz."

„Aber wir benutzen Sex nicht nur als Peitsche für die Sinne", fügte David hinzu. „Der wahre Reiz des Sex liegt in der Elternschaft."

„Die Liebe ist hier unsere Religion, wie du gesehen hast", erwiderte Ona. „Die Liebe lenkt uns auf die höheren Ziele. Da wir in der Ehe nie das Gewöhnliche kultivieren, gibt es bei uns nur wenige Fälle von Untreue. Untreue gibt es nur, wenn die Liebe unsicher ist. Wenn die Seele mit der Seele spricht, entsteht nur Glück. Wenn diese Art von Liebe im gesamten Großen Universum etabliert werden kann, dann wird das Utopische Leben tatsächlich herrschen."

Wieder nahm David das Gespräch dort auf, wo seine geliebte Frau aufgehört hatte.

„Menschliche Anpassungen beginnen im Herzen", sagte er. „Ideale werden von der Seele geboren. Hier achten wir auf die kleinen Dinge. Die kleinen Dinge sind so wichtig und werden doch in eurem Land so oft vernachlässigt. Wenn die Liebe Bestand haben soll, muss Harmonie geübt werden. Besondere Werte müssen besondere Beachtung finden."

Jetzt bin ich in einen Zustand echten Interesses verfallen. Zusammen mit Cactus Jeff und Blue Cloud. Ich drehte in meinem Kopf Schritt für Schritt diese Wellen der Liebe mit LeLando. Jetzt, wo ich sie analysierte, war es ein anderes Gefühl als alles, was ich je zuvor erlebt hatte. Es war eine echte Gemeinschaft im Geiste. LeLando verwandelte alle meine irdischen Schmerzen. Er sang wunderschöne Arien in den Tiefen meines Bewusstseins. Ich wollte mich für immer an das letzte Fragment dieser Liebe klammern. Ich wollte es in einem heiligen Gewölbe versiegeln, zu dem nur ich den Schlüssel haben sollte.

Aber so war es nicht mehr. Der Schmerz hielt an. Tränen traten mir in die Augen, ohne Scham ließ ich sie fallen. LeLando war mein Prinz des Geistes. Ob ich auf der Venus blieb oder zur Erde zurückkehrte, er würde immer bei mir sein ... manchmal in objektiver Form ... dann wieder als subjektives Ideal. Aber er würde da sein, begraben in den Schlössern meines Bewusstseins. Er wäre da wie die Akkorde einer unvollendeten Sinfonie.

Gott sei Dank hatte diese Sichelstadt des Planeten Venus kein besonderes Privileg auf schöne Gedanken ... und transzendente Ideen. Sie würden auf jedem anderen Planeten kultiviert werden. Der Hohepriester hatte gesagt, dass unsere Erde eines Tages den goldenen Schlüssel finden würde. Dass auf der Solidarität der bewährten Fundamente, die von anderen Planeten gelegt wurden, unsere eigene Struktur der Zivilisation aufgebaut werden würde.

Daran war nichts Fantastisches. Es gab bereits zu viele Faktoren, die dies bestätigten. Die Familien der Welt hatten sich an Amerikas freien Ufern versammelt. Die Großen aus anderen Ländern hatten ihre Künste, ihre Wissenschaften, ihre Literatur und ihre Musik mitgebracht.

Alles schien den Weg zu einem neuen Leben für unsere Erde zu weisen.

In Amerika wurde das beste Saatgut geerntet, und der Tag der Aussaat war nahe. Es wurde beschlossen, dass, wenn die Lasten des Lebens zu schwer werden, um sie zu tragen ... „wenn menschliches Leid nicht mehr zu ertragen ist ... wenn andere Länder zu Asche zerfallen sind und die Zähne der Schlange zugeschlagen haben ... dann steht geschrieben, dass Amerika sich erheben wird, der vorgesehene Treffpunkt aller Völker der Erde."

Die Propheten sind immer die Fackelträger. Der Prophet erscheint in den dunklen Stunden. Der Prophet kommt gewöhnlich aus den öden Wüsten des Lebens.

Diese guten Menschen auf der Venus hatten gesagt, dass die Hoffnung unseres Landes eine geistige Hoffnung ist.

14. KAPITEL

Die Tage vergingen wie im Flug und waren vollgepackt mit bewegenden Ereignissen. LeLando hatte meine Zerrissenheit in den Griff bekommen und widmete sich nun mit ganzer Seele der Aufgabe, mich glücklich zu machen.

Ich schämte mich für meine Schwäche und setzte alles daran, meine Seele von dem schrecklichen Makel zu befreien, welcher in ihr steckte. LeLando bemühte sich so sehr, mir klarzumachen, dass die Liebe mein Schutz gegen alle bösen Triebe war. Er versuchte, mir klarzumachen, dass jede Schwierigkeit schließlich unter dem Gewicht der anhaltenden Anstrengung verblassen würde.

Die Menschen in der Stadt gestalteten ihre Welt nach ihren höchsten Idealen. Sie wussten um ihre große Macht, und sie waren unbesiegbar. Dies war das Muster, dem jede wahre Demokratie letztendlich folgen muss. Diesen Entwurf der Perfektion musste ich auf die Erde zurückbringen. Ich hatte jetzt so viele Dinge in meinem Gedächtnis zu speichern. Ich wollte keine einzige Sache verpassen. LeLando und ich waren zum letzten Mal im Garten von Ona. LeLando zog mich an sich und flüsterte.

„Meine Liebste. Meine Erdenbraut."

Ich schmiegte mich an ihn... so nah, dass unser Atem mit dem Nachtwind zu verschmelzen schien. Mit halb geöffneten Lippen tranken wir aus der Quelle des göttlichen Nektars. Die polarisierten Atome zweier verliebter Wesen waren in eine vibrierende Flamme aufgegangen.

„Oh LeLando", rief ich. „Was hast du mit mir gemacht?" Tränen stiegen mir in die Augen ... der Überfluss eines göttlichen Stroms. „Ich bin sicher, du liebst mich, LeLando", jammerte ich. „Tust du ... du?"

„Ich liebe dich wirklich, meine Liebste. Wahrhaftig, wirklich."

Mein Herz hüpfte mit einem Funken Hoffnung.

„Dann können wir so zusammen sein ... für immer", flehte ich.

„Wenn der Geist verheiratet ist, kann es keine Trennung geben", erwiderte er etwas ausweichend,

„Es ist alles so seltsam, LeLando. Wenn du mich nur nicht wegschicken würdest."

LeLando erforschte die Tiefen meiner Seele, als wir dort saßen und das Wasser des Geistes tranken.

„Fürchte dich nicht. Wir werden zusammen sein, meine Liebe. Wir werden in einer Beziehung zusammen sein, die für immer göttlich ist."

„Aber das ist nicht das, was ich will", protestierte ich. „Ich will nicht ein Geist sein. Ich will, dass es so sein soll. Bitte glaube mir, LeLando. So *will* ich es haben."

Er blickte über das schöne Tal.

„Bitte sieh es so wie ich", flehte er. Sein Gesicht trug nun eine echte Spur von Schmerz.

„Es ist so schwer, dir klar zu machen, was mit dir geschehen ist, meine Schönste. Hier auf der Venus hast du eine Einweihung des Geistes erlebt. In deinem Herzen hast du das vorherbestimmte Potential aller Planeten des universellen Systems erkannt. Wenn die geistige Integrität im Körper deiner Erdenmenschheit erwacht ist, dann werden wir uns wiedersehen und zusammen sein ... für immer."

Warum war es für mich so schwierig zu verstehen, was er meinte? Es schien eine so feine Trennlinie zwischen Realität und Irrealität zu geben. Mein Verstand schien zu verstehen, aber mein Herz war beteiligt, und das war etwas ganz Anderes.

„Aber ich *kann* nicht weggehen und dich verlassen. Ich kann nicht", jammerte ich, "ich will deine Braut werden ... nicht nur im Geiste, sondern auch im Fleische."

„Unsere wird eine transzendente Liebe sein, meine Schönste. Eine wahre Liebe, für immer offen für die universellen Gezeiten."

„Ich wünschte, ich könnte ihr mutig begegnen", rief ich, "aber ich bin eine Frau. Für eine Frau ist die Liebe eine persönliche Sache."

„Wie ich dir zu vermitteln versucht habe, meine Liebste ... Entfernung ist kein Hindernis für die Liebe. Es wird immer diese glorreiche Einheit zwischen uns geben.

„Du meinst ... ich kann kommen und gehen ... wie ich will?"

„Ja, mein Liebster ... wenn du über die Lippen hinweg suchen willst. Im Geist gibt es keine Trennung. Wenn die Verbindung zwischen Fleisch und Geist erst einmal hergestellt ist, kann sie nie wieder gelöst werden.

Verstehst du nun, warum du zurückkehren musst? Aber ... bevor du gehst, werden wir heiraten. Verheiratet im Tempel der Venus."

„Heiraten? Im Tempel? Hatte ich LeLandos Worte richtig verstanden? Sie schienen in meinen Ohren zu hallen und zu widerhallen.

„Meinst du das ernst, LeLando? Meinst du das wirklich?" rief ich, überwältigt von meinen Gefühlen.

„Es wird meinem verehrten Vater eine große Freude sein, uns in den heiligen Bund der Ehe zu führen, meine Liebste."

Überwältigt fiel ich nun in ein stilles Koma. So viele Dinge waren mit mir geschehen ... und nun das Wunderbarste von allem. Doch LeLando holte mich bald in die Realität zurück.

„Jetzt, wo du es besser verstehst, meine Liebe ... musst du versprechen, stark zu sein. Versprich mir, dass du in deiner Mission auf Erden nicht versagen wirst."

„Ja, LeLando. Ich werde zurückgehen. Ich werde dich nicht enttäuschen. Ich verspreche es."

Wie konnte ich diesen tugendhaften und ehrenhaften Mann enttäuschen? Während meine Seele noch ganz war, schluchzte mein Herz. LeLando war so gütig. Er konnte den Schmerz sehen, der in mir war.

„Du wirst deine Entscheidung nicht bereuen, Geliebte. Dessen bin ich mir sicher."

Unser Versprechen wurde mit einem Kuss besiegelt.

„Vergiss nicht, meine Liebste, sei immer barmherzig", schloss er. „Die Probleme eurer Menschheit sind eine große Verantwortung. Das Buch der Zukunft ist für euch geöffnet worden. Viele große Veränderungen werden kommen. Aber denkt in den dunkelsten Stunden daran, dass es eines Tages eine Integration aller Völker überall im Universum geben wird. Daraus wird die Neue Soziale Ordnung eurer Erde hervorgehen."

„Meine große Liebe wird mit dir gehen", sagte er. „Und immer, wenn ihr in Not seid, braucht ihr nur zu rufen, und ich werde da sein."

15. KAPITEL

Der Tempel auf dem heiligen Berg funkelte mit strahlendem Feuer von oben herab. Dies war mein Hochzeitstag. In diesem wunderschönen Land des Ruhmes waren die seltensten Köstlichkeiten für solche festlichen Tage reserviert. Aus den erlesensten Stoffen wurden Kostüme angefertigt, die nur zu diesen festlichen Anlässen getragen werden durften.

Mein Hochzeitskleid war einfach göttlich ... aus schneeweißem Satin, der mit schillernden Edelsteinen besetzt war. Ich war von meiner besten Seite, und das wusste ich. Nicht einmal die schönen Jungfrauen dieses verzauberten Landes konnten mich übertreffen. Aber es war trotzdem schwer zu begreifen, dass das alles für mich war.

Ley-sa schlich sich leise in mein Ankleidezimmer, als die Dienerinnen gerade meine Toilette beendeten. Auch für das kleine Mädchen war es ein anstrengender Tag gewesen, denn sie war zur Königin der Blumen gewählt worden. „Du, Liebling", jubelte ich und nahm sie in die Arme. „Du bist ja wie ein Engel."

„Ich weiß deine Wohltaten zu schätzen", antwortete sie unschuldig. „Auch du bist zu diesem Anlass mit Schönheit beglückt worden."

„Ich danke dir, Ley-sa", strahlte ich. „Ich bin sicher, ich bin der glücklichste Mensch im ganzen Universum."

„Wenn das Herz berührt ist, sieht man nur die Pracht des

Sonnenuntergangs", antwortete das kleine Mädchen.

„Solche Tage werde ich nie wieder erleben", seufzte ich. „Aber ich denke, ich sollte für diese kurze Zeit dankbar sein. Diese Schönheit werde ich immer in meinem Herzen mit mir herumtragen."

„Wer die Schönheit nicht wahrnimmt, kann die wahre Liebe nicht kennen", philosophierte das Kind.

Liebe! Der klingende Klang dieses seltsamen kleinen Wortes schnitt wie ein Damoklesschwert in mein Herz. 'Liebe'! Das Wort hielt meine ganze Existenz in seiner Hand. Meine Lippen begannen zu beben vor einem Gefühl, das ich nicht kontrollieren konnte.

„Die Art von Liebe, die du hier erfährst, gibt es auf unserem Planeten nicht", sagte ich. „Das ist dir doch klar, meine Liebe?"

Das Kind schaute mich durch den Rand ihrer langen Wimpern an.

„Die Liebe ist überall dieselbe, wenn die Tür zum Herzen offen ist", antwortete sie schlicht.

Ich wusste, dass ich zu diesem Zeitpunkt nicht in der Lage war, einen Diskurs über die Liebe zu führen, also schloss ich lächelnd:

„Wer hat eigentlich damit angefangen, Ley-sa? Lass uns das Thema wechseln, ja? Ist dir klar, mein Lieber ... dass ich noch nicht einmal für meine Hochzeit geprobt habe? Ich hoffe, es geht gut aus."

„Keine Angst", gab Ley-sa zurück. „Du wirst sicher das Richtige zur richtigen Zeit tun."

„Du hast doch Vertrauen in mich, nicht wahr, Ley-sa, meine Liebe?"

„Aus dem Mund eines kleinen Kindes kommt nur die Wahrheit", antwortete sie.

Ich seufzte wieder. Wenn ich nur einen Bruchteil von Ley-sas Urteilsvermögen besäße. Einen winzigen Bruchteil ihrer feinen Weisheit.

Aber ... mein Herz begann wie wild zu pochen. Bald schon würde ich LeLandos Braut werden. Zum letzten Mal würde ich diese schöne Verzückung spüren. Seine Lippen würden auf die meinen gepresst werden. Ok ... die Ekstase der höchsten Momente des Lebens! Warum mussten sie vergehen?

Wenn nur Lolita nicht da wäre! Ich war mir sicher, dass meine Liebe ewig halten würde. Aber Lolita war immer noch eine quälende Realität. Sie würde eine Bewohnerin der Venus sein. Sie würde immer bei ihm sein.

Ein Diener kündigte an, dass LeLando auf uns warte. Er sagte uns, dass die unteren Alleen bereits von den Feiernden bevölkert seien. Die Prozession hatte am Fuße des Berges begonnen und sie gingen zu Fuß zum Tempel. Bei den Venusianern war es Brauch, das Brautpaar auf diese Weise zu begrüßen. Wie Ona mir erklärte, war es ihr Glaube, dass die Ehe nicht nur zwei Leben zusammenschweißt, sondern auch zwei Leben erweitert.

Ich fand es ein schönes Zeichen der Begrüßung und war mehr als dankbar dafür.

Die idyllische Fahrt auf den Berghang sollte meine letzte sein, und ich wollte sie in vollen Zügen genießen. Das bewaldete Märchenland war in das schönste Gewand der Natur gekleidet. Die vielfarbigen Felsen waren noch nie so bunt. Die Täler waren noch nie so grün gewesen.

Unser Geländewagen schloss endlich zum Festzug auf. Lachen, Gesang und Fröhlichkeit erfüllten die Luft. Als sie uns näherkommen sahen, warfen sie Blumengirlanden auf unseren Weg. Am Himmel wimmelte es von Myriaden kreisrunder, glänzender Schiffe, die im Sonnenlicht wie phosphoreszierende Monde schimmerten. Auch sie schickten einen Blumenregen herab.

Die gewundene, geschlängelte Straße führte an palastartigen Villen vorbei, die mit Becken mit magischem Wasser ausgestattet waren. Diese Thermalbecken waren radioaktiv und hochmineralisiert und trugen dazu bei, die Menschen auf der Venus bei bester Gesundheit zu halten.

LeLando nahm meine Hand in seine. Das half, das Gefühl der absoluten Vollständigkeit wiederherzustellen ... und für einen kurzen Moment meine Ängste zu beruhigen. Als wir in Sichtweite der Säulen aus weißem Stein kamen, schienen sie sich in einem warmen Gruß zum Himmel zu recken. Ich konnte mich kaum beherrschen. Tief in mir erlebte ich zwei Gefühle gleichzeitig ... das Gefühl der Freude und das Gefühl der Angst. Meine verzauberte Welt war so gut zu mir gewesen. Selbst jetzt verschütteten die Berge ihre Pracht, um mich glücklich zu machen. Aber jetzt, wo der große Moment so nah war, hatte ich Angst. Verzweifelte Angst.

Die Pagen waren da, um uns aus dem Geländewagen zu helfen. Die Menge überschüttete uns mit Blumen, Lachen und Musik. Andere Pagen führten uns die ansteigenden Treppen hinauf, die nun mit samtigen, duftenden Blütenblättern bedeckt waren.

Wir wurden zunächst in den Vorraum des großen Heiligtums geführt. Hier sollten wir auf die Ankündigung des Hochzeitsmarsches warten. Ich klammerte mich ängstlich an LeLandos Arm. Ich zitterte vor einer unbekannten Angst, die nicht verschwinden wollte. LeLando tat sein Bestes, um diese rasende Emotion zu unterdrücken, aber schließlich schienen auch seine Bemühungen vergeblich.

„Du bist so nett, Liebes", flüsterte ich. „Alle sind so nett. Aber es ist etwas in mir. Etwas, das ich einfach nicht ändern kann."

„Bitte, Liebste", flehte er, "erlaube deinem Herzen, dem Weg der Liebe zu folgen. Dann hast du nichts zu befürchten."

„Aber ... du schickst mich weg", flehte ich. „Du schickst mich weg. Davor habe ich solche Angst."

„Dir wird nichts geschehen, meine Schöne ... solange du die Liebe in deinem Herzen bewahrst."

LeLandos heilende Worte und die seltsame mystische Musik beruhigten mich nach einiger Zeit ein wenig. Es war eine wunderschöne Interpretation des Hochzeitsmarsches, und sie war ganz für mich.

Von der linken Seite des Altars traten vier kleine Jungen auf. Sie waren in fließende weiße Gewänder gekleidet, kamen zu zweit herein und bewegten sich langsam zum Fuß des Altars, wo sie sich zu zweit nebeneinander aufstellten. Mit gespreizten Fingern und nach oben gerichteten Handflächen verbeugten sie sich zuerst voreinander und dann vor dem Publikum und beendeten das Ritual mit dem Zeichen des Crux Ensata auf ihrer Stirn. Dann nahmen sie ihre Plätze als Wächter Gottes ein.

Endlich kam der große Augenblick.

„Es ist Zeit, meine Liebste", streichelte LeLando zärtlich.

Mein Körper zitterte. Ich versuchte immer wieder, mich zu beruhigen, als die sechs kleinen Blumenmädchen den Gang hinuntergingen, geschmückt mit Blumengirlanden über ihren hübschen Köpfen.

Ich kam als nächster, gefolgt von Cactus Jeff Stringfeller und Blue Cloud, dem Indianer, Cactus Jeff, der ohnehin von Natur aus unbeholfen war, stolperte vor Nervosität über sich selbst. Ich schaute hilfesuchend zu Blue Cloud.

Als ich den heiligen Altar vor LeLando erreichte, verspürte ich einen übermächtigen Drang, niederzuknien und zu beten. Ich wollte, dass dieses heilige Licht auf mein entblößtes Haupt schien. Ich wollte die Ekstase der göttlichen Emanationen spüren, wenn sie durch mein Herz strömten. Ich muss die Kraft haben, diese Tortur zu bestehen. Wenn sich die Pforten endlich schließen würden, vielleicht für immer, wollte ich etwas, an das ich mich erinnern konnte. Lolita, die Schöne! Sie würde immer da sein. Sie würde nie alt werden. Sie würden zusammen da sein. Sie würden zusammen jung bleiben. Der erstickende Schmerz in meinem Herzen schien das Fieber noch tiefer in mein Gehirn zu treiben. Es hat keinen Sinn, quälte ich mich, er ist mein, ganz mein."

Der Auftritt des Hohepriesters ließ mich aufhorchen. Wie prächtig er aussah, als er in seinem azurblauen Gewand, bestickt mit den Emblemen der Weisheit, dastand.

Der Hohepriester neigte sein Haupt in Meditation. Dann nahmen wir alle nacheinander unsere Plätze am Altar ein. Ich verneigte mich erneut für einen Moment der Stille. Blue Cloud folgte dem Beispiel. Aber Cactus Jeff blieb hartnäckig.

„Ich falle für niemanden auf meine Gebetsknöchel", murmelte er vor sich hin.

Von Gewissensbissen geplagt, ignorierte ich ihn.

„Oh, lieber Gott", betete ich leidenschaftlich. „Hilf mir in diesem Moment der Prüfung. Lass diese hasserfüllte Eifersucht auf dem Feuer des Altars sterben. Oh ... bitte Gott ... nimm sie weg von mir. Nimm sie weg! Amen."

Als ich mein Gebet beendete, war ich für einige Augenblicke in ein himmlisches Gefühl der Entspannung gehüllt. Der Singsang der vielen perfekt aufeinander abgestimmten Stimmen fügte der Harmonie noch etwas hinzu. Als der Widerhall der Stimmen verklungen war, ertönten die leisen Töne der Harfenmusik.

Der Hohepriester, der aus seiner Meditation erwachte, strich mit seinen langen, schlanken Fingern über die Mitte eines großen Pergamentblattes. Er hob seine gütigen Augen und wandte sich erst mir, dann LeLando zu.

„Sohn der Venus ... Tochter der Erde ... in der Vereinigung sollt ihr eins werden."

LeLando beugte sein Haupt in heiliger Ehrerbietung vor dem Erlass seines guten Vaters. Ich tat es ihm gleich, da ich annahm, dass dies das richtige Ritual war. Dann nahm der Hohepriester unsere Hände und schloss sie fest zusammen. Mit einer goldenen Nadel stach er in die Venen unserer Handgelenke, so dass das Blut von LeLando und mein eigenes rotes Blut in einem Strom zusammenflossen.

Ich stand stumm und regungslos da, als der Priester aus dem Pergament las. Die Worte flossen wie verschwommene Bilder über meinen Kopf. Ich konnte ihnen weder folgen noch sie zusammenfügen. Der Druck von LeLandos Hand in meiner half mir schließlich, die Bruchstücke der Worte dieses heiligen Mannes zu einer Einheit zusammenzufügen. Ich war beeindruckt von der engen Verwandtschaft zwischen unserer Trauung und der ihren.

„Willst du, LeLando, diese Frau zu deiner rechtmäßig angetrauten Ehefrau nehmen, um sie zu lieben und zu ehren, um sie zu haben und zu halten, und willst du ihr, allen anderen entsagend, anhangen, und nur ihr, solange ihr beide lebt?

„Ich will!" LeLandos reiche, sanfte Stimme ertönte.

Ich kämpfte tapfer um Fassung. Ich bin sicher, dass ich nur eine verschwommene Vorstellung von dem hatte, was mit mir geschah. Die Worte des Hohepriesters klangen wie Traumtöne in meinen Ohren.

„Willst du, Dana, diesen Mann zu deinem rechtmäßig angetrauten Ehemann nehmen, um ihn zu lieben und zu ehren, um ihn zu haben und zu halten, und willst du ihm, und nur ihm, die Treue halten, so lange ihr beide lebt?

„Ich will!" wiederholte ich, kaum mehr als ein Flüstern. LeLando steckte mir einen Ring an den Finger, ich hörte, wie der Hohepriester uns zu Mann und Frau erklärte. Dann folgte eine Stille ... eine Stille, die den Atem der Ewigkeit in ihrem Innersten hielt.

LeLando nahm mich in seine Arme. Er küsste mich auf die Lippen. Die Segnungen des Hohepriesters wurden uns zuteil.

Die weiß gewandeten Jungen verneigten sich tief. Die Blumenmädchen warfen uns Blumen zu Füßen.

Jetzt war alles vorbei, und ich ging weg. Vielleicht komme ich nie mehr zurück. Trotz all meiner Beteuerungen wurde ich von einem bitteren Herzschmerz ergriffen. Was waren die Worte der Prophezeiung im Vergleich zur Hitze der Liebe? Ozeane von Raum trennten uns, und dieses Glück würde ich vielleicht nie wieder erleben.

Wie ein Dieb in der Nacht kehrte die Seuche zurück. Meine Seele war wieder im Fegefeuer. Die Qualen waren verheerend. Mein Geist war wie betäubt, als ich die Segnungen von Cactus Jeff, Blue Cloud und Ky-rie annahm. Sie hielten sich nicht lange auf, denn es war offensichtlich, dass Cactus Jeff sich auf den Weg machen wollte. Als sie gingen, wurde die Kluft noch größer, denn ich wusste jetzt, dass Jeff seine Meinung über die Rückkehr nie ändern würde. Ich würde allein gehen.

Die Hochzeitsgesellschaft begab sich in den Vorraum, wo LeLando damit beschäftigt war, seine Mit-Venusier zu empfangen. Es waren seine Leute. Zwar hatten sie mich in ihr warmes Herz geschlossen, aber ich gehörte nicht zu ihnen.

Lolita war da und klammerte sich an seine Hand. Ja ... da war etwas zwischen ihnen gewesen! Der Argwohn wich der Wut. Die Wut wich einem Sturm. Plötzlich hörte ich nur noch das laute Ticken einer Uhr in meinem Kopf. Dann war es wieder still, weit, weit weg hörte ich das Echo von Stimmen ... ein rhythmischer Wortgesang, als würden sie ein Gebet anstimmen.

Die Glocken erklangen! „Unsere gute Königin ist tot. Macht die Tore weit auf. Öffnet die Pforten des Himmels."

Ich wich entsetzt zurück. In diesem Moment der Krise spürte ich die ganze Tragweite des einsamen Verlassenseins. Königin Zo-na war tot. Nein! Nein! Nein! Das konnte nicht wahr sein.

Die Zeit verging und die Uhr in meinem Kopf begann wieder zu ticken, lauter und lauter.

Dann überkam es mich wie ein Blitz. Vielleicht war ich mitverantwortlich. Ich hatte das Übel der Eifersucht in dieses wunderbare Land gebracht. Ich hatte diese goldene Stadt verflucht. Ich hatte das Vertrauen des Hohepriesters missbraucht. Ich hatte das Ende von Königin Zo-na herbeigeführt.

Obwohl das Weinen und Wehklagen weiterging, schien meine Seele in einer Ewigkeit der Stille zu versinken. Mein schluchzendes Herz brach, ich wollte nach Hause gehen. Zurück in meine irdische Heimat.

Die Heftigkeit des Schmerzes ließ mich um das Vergessen beten. Zurück auf der Erde zu sein und alles loszuwerden. Endlich war die Zeit für meine Abreise gekommen. LeLandos Arm um mich gelegt, standen wir da und warteten darauf, an Bord des luxuriösen Raumschiffs zu gehen. Dieses war noch aufwändiger und schöner als das interplanetarische Schiff, mit dem ich hergekommen war.

LeLando nahm mich in die Arme und gab mir einen letzten Abschiedskuss. Ich ging freiwillig an Bord, den Kopf hoch erhoben und die Schluchzer im Zaum haltend. Aber als ich an Bord war, liefen mir die Tränen über die Wangen. Ich winkte LeLando, Ona, David und all meinen Venus-Freunden zu.

Trotz meines weinenden Herzens hatte ich keine Angst mehr vor der Zukunft, ich war mir sicher, dass LeLandos Liebe mich bis zum letzten Punkt des Universums begleiten würde. Unsere Liebe war mehr als eine Romanze gewesen. Es war eine Liebe, die zwei Seelen verschmolzen hatte ... eine Liebe, die bis in alle Ewigkeit andauern würde.

Meine Reise zur Venus war zu Ende. Die fieberhafte Hitze der Sonnen und Stürme hatte sich endlich abgekühlt.

ENDE

EPILOG

MEIN FLUG ZUR VENUS wurde vor etwa fünfzehn Jahren geschrieben, lange vor dem Auftauchen von Raumschiffen mit magentafarbenem Licht und sogenannten „fliegenden Untertassen". Es scheint heute eher eine Prophezeiung als ein Zufall zu sein, dass die seelenerregenden Geschichten, die aus allen Teilen der Welt kommen, und die früheren Erfahrungen des Autors so unwiderlegbar sind.

Da wir nicht mit einem angemessenen transzendentalen Vokabular ausgestattet sind, ist es schwierig, etwas in Worte zu fassen, dem die Welt nicht gewachsen ist. Aus diesem Grund wurde das Buch den Verlegern im Stil der Belletristik vorgelegt, wobei ein Großteil des jungfräulichen Wissens und viele esoterische Abstraktionen weggelassen wurden. Der Zweck dieses Nachtrags ist es, einen Teil dieses wichtigen Materials aufzugreifen und aufzunehmen. Doch trotz dieser Streichungen wurde das Buch als „zu phantastisch" verschrien, und so wurde das Manuskript aufbewahrt, um auf eine günstigere Zeit zu warten.

In der Vergangenheit haben wir zugelassen, dass unsere intellektuellen Mäander das Ungreifbare verdunkeln und das „Unbekannte" ignorieren. Als notwendiger Auftakt zur Erklärung eines abstrakten Phänomens muss daher zunächst die Wahrnehmung geschult werden, um es aufzunehmen. Es ist zu hoffen, dass dieses Buch nun, da die Welt wirklich nach einer intelligenten Antwort auf das Mysterium der fliegenden Untertassen sucht, auf Zustimmung stößt.

Die Autorin macht keine fantastischen Behauptungen, dass ihr „Flug zur Venus" in ihrem physischen Körper stattfand. Sie lehnt diese Möglichkeit auch nicht ab. Als Bote des Geistes, der im transdimensionalen Bewusstsein schwebt, ist es praktisch unmöglich, das Physische vom Überphysischen zu unterscheiden, das sogenannte Reale vom wirklich Realen. Außerdem ist es unerheblich, ob die Reise im physischen Körper oder im Seelenkörper erfolgt ist. Obwohl es nie leicht ist, eine zweifelnde Welt davon zu überzeugen, dass das menschliche Fahrzeug so weit sensibilisiert werden kann, dass die Seele in den höheren Äthern reisen kann, tauchen solche Bescheinigungen überall in der aufgezeichneten Geschichte auf. Die von ihrem schwerfälligen Körper befreite Seele kann Dimension um Dimension des ätherischen Raums durchdringen. Der Seelenreisende ist lediglich der Wegbereiter für alle neuen und unerforschten Pfade. Es ist die Aufgabe der Seele, voranzugehen und den Weg für den Weltenabenteurer zu bahnen, der ihm folgt.

Genau hier könnten wir eine der Antworten auf unser Himmelsrätsel finden. Bei praktisch allen Sichtungen schienen die Flugobjekte fast blitzschnell zu erscheinen und zu verschwinden. Ihnen wird eine Geschwindigkeit und Manövrierfähigkeit nachgesagt, die das Verständnis und die Kenntnisse unserer besten Wissenschaftler übersteigt. Dieselbe Wissenschaft leugnet nachdrücklich die Wahrscheinlichkeit interplanetarer Reisen, jetzt oder in der Zukunft. Sie beharren darauf, dass ein solcher Flug unmöglich wäre; dass man für die Reise unendlich viele Jahre bräuchte ... einen Treibstoffvorrat, der zu phantastisch ist, um ihn sich vorstellen zu können ... und einen Berg von Nahrungsmitteln, der bis zu den Sternen reichen würde.

Das alles ist wahr genug, gemessen mit unserem begrenzten Maßstab. Aber die Autorin entdeckte, dass es jenseits des Weltraums etwas gibt, das nach heutigem Verständnis unmöglich zu berechnen ist. Es wurde ihr offenbart, dass die Venusier die Kunst der Transmutation beherrschen. Sie wissen, wie sie die Lebensplasmen formen und kontrollieren können ... das Rohmaterial, aus dem alle Dinge gemacht sind. Wenn ich in meinem Gedächtnis krame, hatten die Venusier die „direkte Schöpfung" noch nicht gemeistert, aber sie waren sicherlich eine Mellenie von Jahren näher dran, als wir es sind. Wir können nur flüchtige Blicke auf dieses göttliche Prinzip erhaschen. Aber sie leben über Ursache und Wirkung. Sie denken nur die Art von Qualitätsgedanken, die richtige Handlungen hervorbringen. Da sie in der Lage sind, Substanzen nach Belieben umzuwandeln, könnte dies ohne weiteres eine Erklärung für einige der seltsamen Manöver sein, die fliegenden Untertassen zugeschrieben werden.

„Die Frage, die mir am häufigsten gestellt wird, lautet: „Wie war sie, Ihre Reise zur Venus?"

Auch hier ist es schwierig, etwas in Worte zu fassen, für das der durchschnittliche Verstand nicht geschult ist. Die Zuhörer machen große Augen vor Staunen, haben aber oft auch Zweifel an der Echtheit eines solchen Abenteuers.

Lassen Sie es mich so formulieren: Eine Zeit lang schien es, als würden wir buchstäblich durch eine Chimäre von ätherischen Himmeln rasen, die harmonisch mit den sich ständig verändernden feineren Kräften vibrierten. Die Szenerie war hinreißend ... himmlische Himmelslandschaften ... mystische Städte ... blaue, blaue Äther. Trugbilder vielleicht, aber für mich real.

Während des Fluges schienen wir in viele Dimensionen des abstrakten Raumes einzudringen. Es gab kein Rauschen, keine Interferenzen. Dann geschah etwas. Es war wie eine sanfte Explosion prächtiger Farben, begleitet von einer Erfahrung, die einem Orgasmus von Geist und Materie glich. Danach gab es keine Zeit mehr. Es gab keinen Raum in der üblichen Bedeutung von Raum. Alles war Bewusstsein ... *absolutes Bewusstsein.*

Wenn das Bewusstsein dimensional erweitert wird, ist ein flüchtiger Moment intensivierten Bewusstseins vergleichbar mit Wochen, Monaten oder sogar Jahren, gemessen an der Dauer der Zeit, wie wir sie kennen.

In der Zeit zwischen dem Verlassen der Erdebene und der Ankunft auf der Venus war es, als würde man an einem Punkt der Konkretion beginnen, eine Domäne nach der anderen des abstrakten Raums durchdringen und am Ende der Reise wieder in einer konkreten Welt ankommen. Mit anderen Worten: von Konkretion zu Konkretion. In der Geschichte beschreibe ich es nur deshalb als „absteigend", weil für uns alles, was nach oben geht, auch wieder nach unten kommen muss.

Ich erinnere mich genau, als ich zum ersten Mal einen Fuß auf die Venus setzte, trug ich das Gewand der Erde, aber es war alles so anders. Mein ganzes Wesen schien aus raren Essenzen zu bestehen. Meine persönliche Erscheinung hatte sich verändert. Alle körperlichen Mängel waren verschwunden. Mit den erhöhten Schwingungen gab es ein Strahlen, ein Alphabet der Qualität, das ich auf der Erde nie gekannt hatte. Während ich hier nie als schön galt, *war* ich auf der Venus schön.

Dies könnte auch ein Punkt sein, der zur Lösung des interplanetarischen Rätsels beiträgt. Da meine Schwingungen beschleunigt wurden, ist es möglich, dass ihre verlangsamt werden, wenn sie in unsere Erdumlaufbahn kommen. Man könnte auch sagen, dass sie durch unsere Trägheit „festgefahren" sind. Es ist auch möglich, dass sie ihr Aussehen verändern, um sich unseren Schwingungen anzupassen, so wie ich meine verändert habe, um mich ihren anzupassen. In diesem Sinne ist es möglich, dass die Venusier oder andere planetarische Besucher hier mitten unter uns sind und wir es nicht bemerken. Sie könnten ihre Untertassen in unserem Vorgarten parken und wir würden sie nicht sehen.

Das könnte auch der Grund sein, warum so wenige von ihnen auf unserer Erdebene gelandet sind; sie haben Schwierigkeiten, sich an unsere Schwingungen anzupassen.

Das könnte auch der Grund dafür sein, dass sie in den Städten nur selten zu sehen sind. Wählen Sie aber die saubersten Gebiete aus, die möglich sind - hohe Orte, wo die Luft reichlich mit Chlorophyll gefüllt ist - die sandigen, sonnenverwöhnten Wüsten.

Zurückgekehrt auf die Erde, Mitte August 1952, erlebte ich meine Venus-Erfahrung noch einmal von neuem. Während ich in der Nähe von Cabot's Old Indian Pueblo in Desert Hot Springs, Kalifornien, fuhr, wurde meine Aufmerksamkeit plötzlich vom Himmel gefesselt. Vor dem rot-goldenen Hintergrund des Sonnenuntergangs sah ich eine exakte Nachbildung des Luxusschiffs, das mich Jahre zuvor zur Venus gebracht hatte. Es hatte die Größe eines Leviathans und war in jedem Detail perfekt. In beträchtlicher Entfernung über dem „Mutterschiff", das ein perfektes Viereck am Himmel bildete, befanden sich vier fliegende Scheiben. Dort draußen über der weiten Wüste, in einen phosphoreszierenden Glanz getaucht, glichen sie glänzenden Monden. Von meinem Aussichtspunkt aus konnte ich deutlich die Strahlungslinien erkennen, die sich von dem größeren Raumschiff zu den Untertassen hinzogen. Damals schien es mir ganz offensichtlich, dass die winzigen Raumschiffe, genau wie auf der Venus, durch die Sonnenstrahlen aufgetankt wurden.

Wie der traditionelle Paul Revere wollte ich die Stadt auf die Anwesenheit der *„ Untertassen "* am Himmel aufmerksam machen. Aber in der Zwischenzeit, als ich mit meinem Unternehmen begann und eine knappe Viertelmeile gefahren war, war der Festzug vorbei. Dann begann ich an meinen Sinnen zu zweifeln, doch die Zeitung von Los Angeles brachte am nächsten Morgen die Schlagzeile, dass Untertassen über dem Wüstenhimmel gesichtet worden waren.

Eine weitere häufig gestellte Frage: „Warum wurdest du für dieses große Abenteuer ausgewählt?"

In aller Bescheidenheit kann ich nur sagen: Ich weiß es nicht. Vielleicht, weil ich mein ganzes Leben lang von dem so genannten „Unbekannten" fasziniert war. Als kränkliches Kind, das lange Zeit ans Bett gefesselt war, nahm ich an einer Seelenreise" teil. Damals lernte ich, dass das Funktionieren in einem Seelenkörper nicht anders ist als das Funktionieren in einem physischen Vehikel, außer im Grad der Intensität. Auf Seelenreisen ist der Verstand wahrnehmungsfähig und scharfsinnig. Die Intuitionen sind von spiritueller Dynamik befeuert. Die Antworten auf alles können immer in den Archiven der Natur gefunden werden, wenn wir bereit sind, uns auf die Suche danach zu machen. Aber fast ausnahmslos haben die Menschen Angst, sich über den Bereich des „Bekannten" hinauszuwagen. In dieser Hinsicht war ich immer *furchtlos*.

Wieder werde ich gefragt: „Können Sie nach Belieben hin und her gehen?"

Die Antwort lautet: Nein. Es scheint für alles eine Zeit und einen Ort zu geben. Wir können ein bestimmtes Wunder einmal vollbringen, aber selten können wir es auf dieselbe Weise wieder tun. Mein Flug zur Venus wurde für mich durch die Reinigung in der lebendigen Flamme vorbereitet. In den letzten Wochen habe ich flüchtige Momente desselben „seltsamen Gefühls" erlebt und ich hoffe, dass ich in nicht allzu ferner Zukunft einen neuen Kontakt herstellen werde.

Eine andere Frage: „Wie kommt es, dass sie zu uns kommen können, während wir mit all unserem großen Wissen noch keine Möglichkeit gefunden haben, dorthin zu gelangen?"

Wir leben in einer dreidimensionalen Welt, die von einer vierten Dimension überschattet wird. So wie ich es verstehe, wäre unsere „vierte Dimension" ihre „erste Dimension" ... oder ihre Grundvoraussetzung. Unsere „vierte Dimension" wäre vergleichbar mit ihrer „siebten". Es würde zweifellos eine vollständige Ausbildung in kosmischer Mathematik erfordern, um sie richtig zu verstehen, aber es ist die siebte Ebene, von der aus wir eine zentrale Beziehung zum Kosmos selbst herstellen. Die siebte Ebene ist der Kern ... das Zentrum.

Die Venusier sind Transzendentalisten. Sie leben in einer zeitlosen, raumlosen Welt der *absoluten Beziehungen*. Da sie Zugang und Ausgang zu allen Ebenen haben, steht ihnen das gesamte Sonnensystem zur Erforschung offen.

„Wie kommt es, dass sie unsere Sprache sprechen können?"

Die Venusier sprechen eine grundlegende Sprache ... eine Sprache der Seele. Sie wird sofort in jede Sprache übersetzt.

„Was ist mit ihrer Religion?"

Die Venusier sind Universalisten. Sie kennen keine Dogmen oder Glaubensbekenntnisse. Da sie ihre eigenen Persönlichkeiten bis zu einem Punkt der Schöpferkraft entwickelt haben, brauchen sie keinen persönlichen Erlöser ... keinen Avatar. Man könnte sie durchaus als „eine Religion der LIEBE" bezeichnen. Für sie ist die Liebe kein bloßes Gefühl, sondern eine souveräne Kraft, das tragende Element im Herzen aller Dinge. Sie machen nur wenige Fehler, denn sie haben schon vor langer Zeit gelernt, die Saat des Irrtums durch Liebe umzuwandeln. Kurz gesagt, die Venusier haben den „Herzschlag" des Universums eingefangen ... diese vibrierende Qualität, die für immer in Harmonie mit dem Ewigen Plan ist.

„Was haben ,fliegende Untertassen' mit unserem eigenen Schicksal zu tun?" Vielleicht ist dies die wichtigste Frage von allen.

Wir leben in Zeiten, die unser Schicksal verändern. Unser Muster hat sich abgenutzt, und wir brauchen dringend ein neues. Es scheint jedoch, dass wir erst mit Gewalt umhergeworfen werden müssen, bevor wir unserer Verantwortung gewachsen sind.

Seit Menschengedenken waten wir durch kleinere Zyklen. Wir haben uns durch die großen Zyklen gekämpft. Soweit die Zeit zurückreicht, sind wir demselben identischen Muster gefolgt. Jede Rille hat eine tiefere Einkerbung in dieselbe alte Platte gemacht.

Ich glaube aufrichtig, dass die Venusier und andere planetarische Wesen hier sind, um uns beim Aufbau neuer *Gedankenformen* zu helfen, mit denen wir unsere Zukunft gestalten können.

Vielleicht gibt es außerhalb unserer Sichtweite buchstäblich Tausende dieser unsichtbaren Mentoren, die versuchen, uns in konstruktive Gedankenschwingungen zu versetzen.

Wer kann schon sagen, ob die Ankunft fremder Raumschiffe nicht ein notwendiges Vorspiel zu unserer eigenen höheren Kosmologie ist. Dass sie dazu beitragen können und werden, unsere soziale Struktur zu heben und unsere Mühen zu erleichtern? Wenn wir uns erst einmal ein höheres Konzept zu eigen gemacht haben (nicht irgendeine grandiose Utopie, sondern eine praktische, praktikable Ideologie), dann können wir mit Gewissheit voranschreiten.

Es ist das Drama des menschlichen Fortschritts, dass große Seelen an der Wende eines jeden neuen Zyklus zu uns kommen. Wenn wir sie nicht einladen ... wenn wir ihnen nicht helfen, auf intelligente Weise Kontakt aufzunehmen, wie in vergangenen Zeiten, werden sie unsere Schwingungsebene verlassen und vielleicht für viele bedauerliche Äonen nicht zurückkehren.

Wir haben das Zeitalter der Volljährigkeit erreicht. Wir haben das Radio, das Fernsehen, das Flugzeug und die Atombombe erfasst. Schließlich wird der Nationalismus dem

149

Internationalismus weichen ... dem Internationalismus, der die direkte Kommunikation und den Transport zu fernen und entlegenen Planeten ermöglicht. Wenn dies erreicht ist, wird eine universelle Bruderschaft entstehen, Kriege werden enden und wir werden einen neuen Himmel auf Erden haben.

Die elysischen Felder sind noch weit entfernt, aber sie sind gesichtet worden, und wir werden schließlich dort ankommen. Dies ist die Neue Offenbarung.

DANA HOWARD